JN025804

著者
有限責任監査法人トーマツ
執筆者代表
森 滋彦
Shigehiko Mori

非財務リスク管理の実務

――リスク管理の「質」を高める

一般社団法人金融財政事情研究会

はじめに

「非財務リスク管理」とは、いわば、「財務リスク管理」以外のすべてを指すものといえ、非常に広範囲をカバーする概念である。財務リスクは、文字どおり、貸借対照表や損益計算書などの財務面と関係するリスクで、バーゼル銀行監督委員会の定義でいえば、信用リスク、市場リスク、流動性リスクなどを指すことになる。このため、非財務リスクは、その大宗はオペレーショナルリスクということになる。一言でオペレーショナルリスクというには、範囲が広すぎてリスクの特性が適切にとらえきれないため、これまでも、金融機関は、事務リスク、システムリスク、人的リスク、法務リスク、コンプライアンス・リスク等オペレーショナルリスクのなかにサブリスクカテゴリーを設けて管理態勢を整備してきた。

しかし、こうした管理態勢では適切に管理できない事象や想定していないような環境の変化が近年生じており、非財務リスク管理への関心が高まっている。グローバル金融危機後10年以上かけてバーゼル銀行監督委員会が慎重な議論を続けた結果、規制資本である自己資本比率規制強化の議論が一段落し、いわば財務リスク管理にメドが立ってきたことも非財務リスク管理に注目が集まる一因となっている。

バーゼル銀行監督委員会は、これまで、グローバル金融危機等の重要な事象や金融環境変化に対応して、規制内容をたびたび変更し、金融システムの安定と公平な競争環境の確保を図ってきた。非財務リスクも、こうしたバーゼル規制の枠組みで管理することが可能であれば、各金融機関としても、実施すべき事項が明確となり、一律に対応可能な面もあるだろう。ここで、バーゼル規制の枠組みではなぜ非財務リスク管理が有効に機能しないのかを考える前に、これまでのバーゼル規制の取組みを振り返ってみたい。

バーゼル銀行監督委員会が自己資本比率規制を導入（バーゼルⅠ）したのは、1988年で早くも30年以上が経過している。当初は信用リスクのみを対象とし、自己資本比率の測定方法を統一（標準的手法）しており、いまから考えるとシンプルなものであった。その後、いわゆる市場リスクであるトレーディング業務がリスクアセットに追加になり（1996年）、金融取引の多様化・複雑化を背景に、2004年にはバーゼルⅡに進化する。ここでリスクアセットに、さらにオペレーショナルリスクが加わるとともに、アプローチも、これまでの自己資本規制（第1の柱）だけではなく、内部管理の充実（第2の柱）、開示の充実（第3の柱）も加わり、より多面的なアプローチで健全性のチェックを行うようになった。そのようななか、2008年にグローバル金融危機が起こり、バーゼルⅡの抜本的な見直しが行われた。コア資本に着目し、自己資本の質にかかわる自己資本比率規制強化のほか、流動性カバレッジ比率（LCR）、安定調達比率（NSFR）の導入等、流動性リスクの規制強化も行われた。トレーディング勘定の抜本的見直しやオペレーショナルリスクの計測手法を一本化する等これまでの測定方法の変更も行われている。グローバル金融危機が二度と起こらないようにするため、各国の英知を結集して、これまでに10年以上も慎重な議論が続いていることになる。バーゼルⅢは2013年からすでに段階的に実施されているが、完全実施は2028年であり、グローバル金融危機後約20年経過してようやく完成になる。

これをみると、グローバル金融危機が関係者にとってどれだけショックなイベントであったかが垣間見える。しかし、規制当局が規制強化を議論している間に、金融環境は大きく変化した。AIが通常の金融業務に活用されたり、スマートフォン決済が普及したり、仮想通貨が活発に取引されるなど、特にインフォメーションテクノロジー（IT）の分野での変化は著しい。また、情報テクノロジーの活用の半面、ハッカーが仮想通貨を詐取したり、金融システムにハッキングを仕掛ける等のサイバーセキュリティリスクも格段に増加した。直近の新型コロナウイルス（COVID-19）禍に関連した社会の変化により、こうした環境変化はいっそう加速すると考えられ、バーゼルⅢが完全実施となる2028年には、現在とはかなり異なる環境となっていることは間違いない。10年スパンの議論は、関係各国当局の思惑もあり慎重を期していると思うが、この議論の方法では環境変化に追いつくのはなかなか困難である。

実際、バーゼル銀行監督委員会がサイバーセキュリティリスクの脅威に対していかに業務を維持・継続できるかという観点（サイバーレジリエンス）から、2017年３月のG20を契機として議論が開始されたが、意見を取りまとめたのは約１年９カ月後の2018年12月である。しかも統一されたガイダンスではなく、あくまでRange of Practice、すなわち、さまざまな取組みの紹介であり、取りまとめの苦労がうかがえる内容になっている。

非財務リスクの管理が必要となってきた背景の詳細は第１章で後述するが、簡単にいえば、４点ある。まず、第一に従来のリスクカテゴリーでは効果的に扱えないような不正事故が起きていることである（LIBOR不正操作、不正融資問題、保険の不適切販売等）。単純な内部不正ではなく、業界の慣習や企業文化に根付くような問題である点で従来のリスクカテゴリーと異なる要素がある。

第二に、従来型の定量的なリスク管理の限界である。バーゼル規制は、計算式も示したうえで、自己資本計算のルールの統一化を図っているが、非財務リスクは、文字どおり、定量的な計測にそもそも向かない要素が多い。このため、損失が出るときは予想外の巨額損失となるケースも多い。

第三に、金融機関は、自社損失のみならず顧客・株主・従業員・地域社会・環境などさまざまなステークホルダーの不利益もリスク管理の対象とすべきとの認識が広まっていることがある。これは、金融機関の金融商品販売姿勢から顧客保護が社会的に強く意識されるようになったこと、長時間労働やハラスメント等従業員への配慮への高まり、さらには、SDGs対応（持続可能な開発目標）のように国際的な環境への配慮への関心の高まり等さまざまな要因が背景となっている。

第四に、インフォメーションテクノロジーの変化である。いまや巨大な情報産業と化した金融機関が自社のシステムやネットワークの管理のみならず、サイバーアタックなど外部からの攻撃にも備える必要がある。また、スマートフォンのアプリケーション等を活用したサービスで個人情報保護等の点でこれまでとは異なる観点の管理が必要とされてきている。

こうした環境変化をふまえ、適時にさまざまな非財務リスクを管理するためには、各金融機関の財務状況、リスク管理態勢等に鑑みて、自らどこまで管理していくのか、何に優先度をもって取り組むべきかを考える必要がある。

本書は、金融機関のリスク管理実務者に参考となるように、それぞれの非財務リスクに対して、それぞれの分野の専門家が、定量的・定性的なアプローチを含め、実務で実際に役立つガイダンスを示すことを目的としている。

本書の構成内容を示すと以下のようになる。

●第1章「非財務リスク」(担当：森)

リスクカテゴリーごとの詳細を論じる前に、非財務リスク管理一般について解説する。一般的な定義を示し、最近注目されてきた背景、内外の動向と今後の方向性を示す。また、従来のアプローチの限界と課題を検討したうえで、最近のテクノロジーを活用したアプローチを含め、今後の管理態勢とアプローチを解説する。

●第2章「コンプライアンス・リスク」(担当：今野)

第2章から第6章までは、非財務リスクの代表的なサブカテゴリーに従って現状、課題、今後の対応等を考察する。第2章では、金融庁のコンプライアンス基本方針に基づくコンプライアンス・リスクの定義と金融機関の対応をみたうえで、実効的なコンプライアンス管理に必要な事項を紹介する。

●第3章「コンダクト・リスク」(担当：勝藤)

本章では、足許のミスコンダクトの事例をふまえたうえで、コンダクト・リスクの定義とスコープのほか、規制動向を振り返り、金融機関に求められるコンダクト・リスク管理の態勢について解説する。

●第4章「サードパーティー・リスク」(担当：跡部、田宮)

本章では、サードパーティーの範囲を含めその定義や委託先管理との類似点・相違点を明らかにし、サードパーティー・リスク管理基盤の構築・効率化について紹介する。

● 第５章「サイバーリスク」（担当：堀越、小西、加瀬）

本章では、サイバー攻撃の種類やサイバーリスクの特性やルール等をみたうえで、サイバーリスクの対象を明らかにし、実務的な観点からサイバーリスク管理態勢の構築とサイバーリスク定量化のアプローチを紹介する。

● 第６章「AI導入による業務高度化の推進とリスク」（担当：三枝）

本章では、AIとはどのようなものであるかの定義を明らかにしたうえで、AIを業務へ適用する際のプロセスについて解説する。さらに、最近のAI導入に関する足許の状況をみた後に、AI導入プロセスにおいて検討すべきリスクやそのコントロールの方法について解説する。

● 第７章「非財務リスク管理のケーススタディ」（担当：森）

本章では、実際に各金融機関で非財務リスク管理に取り組んでいるケースについて紹介する。シナリオ分析を高度化させたバークレーズ銀行、RAFを活用した非財務リスク管理に取り組むふくおかフィナンシャルグループ、シニア人材活用による非財務リスク管理の専門家育成に取り組む百五銀行、さらには、AIを活用した与信取組を実施しているりそな銀行の例を扱う。

● 第８章「パンデミックリスク――新型コロナウイルス（COVID-19）への対応」（担当：森）

パンデミックリスクの１つとして、足許の重要懸念事項である、新型コロナウイルス（COVID-19）の対応状況と、今回の対応を通じて洗い出された課題について整理し、今後必要な対応を考える。

非財務リスク管理の受益者は、金融機関自身だけではなく、顧客、株主、従業員等ステークホルダー全般であり、これら社会全体の不利益（不効用）の最小化を目指すこと、いわば、「質」（効用）の管理が非財務リスク管理の目的である。教科書的な言い方をすれば、ミクロ経済の効用論（心理的満足感の度合い）を思い起こしていただくとイメージが湧きやすいかもしれない。非財務リスク管理の対象をどうするのか、管理する優先度をどう順位づけるかを考えるうえで、「不利益（不効用）の最小化」＝「質（効用）の最大化」は、重要な目線である。本稿は、非財務リスク管理について、金融業界のなかでも定まった方法が確立できていないなか、リスク管理実務者の一助になればと願い、寄稿したものである。いま現在進行している管理手法もあり、今後もどのような進化を遂げるかぜひご留意願いたい。

本書で多用した略語の正式名称をまとめて掲載した。読者の参考になれば幸甚である。

最後に、本書で記した内容は筆者も含め、各章の筆者の私見であり、所属する法人の公式見解でないことを申し添える。

2020年10月

森　滋彦

■略語一覧

AI：Artificial Intelligence
AMA：Advanced Measurement Approaches
AML：Anti-Money Laundering
API：Application Process Anti-Money Laundering
APRA：Australian Prudential Regulation Authority
AQR：Asset Quality Review
ASIC：Australian Securities and Investments Commission
ASIC：Application Specific Integrated Circuit
ASP：Application Service Provider
BCBS：Basel Committee on the Bank Supervision
BCP/BCM：Business Continuity Plan / Management
BOE：Bank of England
CCB：Counter Cyclical Buffer
CCO：Chief Compliance Officer
CEO：Chief Executive Officer
CFO：Chief Financial Officer
COVID-19：Corona Virus Disease 2019
COO：Chief Operating Officer
CRD：Credit Risk Database
CRO：Chief Risk Officer
CSA：Control Self Assessment（RCSA：Risk Control Self-Assessment）
DoS：Denial of Service
DDoS：Distributed Denial of Service
EBA：European Banking Authority
ECB：European Central Bank
ESG：Environmental, Social, and Governance
FCA：（UK） Financial Conduct Authority
FRB：（U.S.） Federal Reserve Board
FRC：（UK） Financial Reporting Council
FSA：（UK） Financial Services Authority
FSB：Financial Stability Board
GAFA：Google, Amazon, Facebook, Apple
GDPR：（EU） General Data an Protection Regulation
GHOS：Governors and Heads of Supervision
GPS：Global Positioning System
G-SIFS：Global Systematically Important Financial Institutions

ICT：Information and Communication Technology
IIF：Institute of International Finance
IMF：International Monetary Fund
IOSCO：International Organization of Securities Commissions
IoT：Internet of Things
IPA：Information-Technology Promotion Agency
ISAC：Information Sharing and Analysis Center
ISMS：Information Security Management System
JPCERT/CC：Japan Computer Emergency Response Team Coordination Center
KPI：Key Performance Indicator
KRI：Key Risk Indicator
LCR：Liquidity Coverage Ratio
LIBOR：London Inter-Bank Offered Rate
MERS：Middle East Respiratory Syndrome
MLOps：Machine Learning Operations
NDA：Non-Disclosure Agreement
NIST：(U.S.) National Institute of Standards and Technology
NSFR：Net Stable Funding Ratio
OCC：Office of the Comptroller of the Currency
OECD：Organization for Economic Co-operation and Development
ORWG：Operational Risk Working Group
PDCA：Plan, Do, Check, Act
PoC：Proof of Concept
PRA：Prudential Regulation Authority
RA：Risk Appetite
RAF：Risk Appetite Framework
RAROA：Risk-Adjusted Return on Asset
RAROC：Risk-Adjusted Return on Capital
RAS：Risk Appetite Statement
RCSA：Risk Control Self-Assessment
ROI：Return on Investment
RPA：Robotic Process Automation
RRP：Recovery and Resolution Plan
RWA：Risk Weight Asset
SARS：Severe Acute Respiratory Syndrome
SCADA：Supervisory Control and Data Acquisition
SCM：Supply Chain Management
SDGs：Sustainable Development Goals

SEC：(U.S.) Securities and Exchange Commission
SIEM：Security Information and Event Management
SLA：Service Level Agreement
SMA：Standardize Measurement Approach
SSAs：Structured Scenario Assessments
SSG：Senior Supervisors Group
TLAC：Total Loss Absorbing Capacity
VaR：Value at Risk
WEF：World Economic Forum
WHO：World Health Organization
XAI：Explainable AI

目　次

第1章　非財務リスク

第2章　コンプライアンス・リスク

第3章 コンダクト・リスク

第4章 サードパーティー・リスク

第5章 サイバーリスク

第6章 AI導入による業務高度化の推進とリスク

第７章　非財務リスク管理のケーススタディ

第８章　パンデミックリスク
――新型コロナウイルス（COVID-19）への対応

第1章

非財務リスク

第1節　「非財務リスク」とは

(1)　非財務リスクが注目される背景

「非財務リスク管理」とは、「はじめに」で述べたように、「財務リスク管理」以外を指す概念であり、バーゼル銀行監督委員会の定義では「オペレーショナルリスク」ということになる。これまでも、金融機関は、オペレーショナルリスクのなかにサブリスクカテゴリーを設けて管理態勢を整備してきた（図表1－1参照）。

しかし、近年の金融を取り巻く環境の変化により、こうした管理態勢では限界もあることが認識されつつあり、非財務リスク管理に関心が高まっている。

非財務リスク管理が注目される背景の1つには、金融市場におけるミスコンダクト（不正行為・不芳行為）の多発がある。LIBOR不正操作等、業界慣行に根付く問題や、本邦においても不正融資問題、保険の不適切販売等、企業文化に根付くような問題事例が発生したため、社会問題化するとともに、金融市場に大きな悪影響をもたらした。特にこれらのケースでは、規制や社内ルールが明確にされていたにもかかわらず、社内慣行等で長期間かつ組織全体でミスコンダクトが放置されたことで注目を集めた。

そもそも、これらの問題はオペレーショナルリスク管理上の内部不正ともいえるし、法令・コンプライアンス違反とも考えられる。しかし、それぞれ再発防止策を整斉と策定すれば、防げるという性格ともまた違うものといえる。業界慣行や企業文化に根付いたものであるためだ。単発の事故というよりは、組織として構造的に対応しないと問題は解決しないと考えられる。また、不利益が不正行為を行っていた金融機関の外で発生していたため、これまでの仕組みでは効果的に対応できず、社内慣行等で放置されてきたこともある。そこには、ほかもやっているから大丈夫といった、日本特有の横並びの意識も関係していると考えられる。

次に、従来のリスク管理の枠組みおよび今後改定が見込まれるリスク管理の限界である。新たな環境で認識されることになった非財務リスクといっても、たとえば、オペレーショナルリスク管理の枠組みでいえば、シナリオ分析や内部モデルを活用する先進的手法（AMA）で適切にとらえることが可能なはずだ。どのような事象もシナリオの１つとして発生頻度と想定損失を

図表１－１　非財務リスクのサブリスクカテゴリー（例）

リスクタイプ			リスクカテゴリー
財務リスク			信用リスク
			マーケットリスク
			銀行勘定金利リスク
			流動性リスク
非財務リスク	従来のオペレーショナルリスク	RWA計量対象	事務リスク（業務委託リスク、外部委託リスク）
			システムリスク
			情報セキュリティリスク・ITリスク
			法務・リーガルリスク
			コンプライアンス・リスク
			有形資産リスク
			人的リスク・労務リスク
		RWA計量対象外	戦略リスク
			レピュテーショナルリスク
			規制制度変更リスク
	新たなリスク（例）		コンダクト・リスク
			サイバーセキュリティリスク
			サードパーティー・リスク
			デジタルリスク
			モデルリスク
			その他

（出所）　筆者作成。

適切に見積もれば、統計的な解析でリスク量を計算する仕組みだからだ。しかしながら、こうした手法は、すでに、バーゼルⅢ改革により2023年から廃止が予定されている。やはり、シナリオを考えて規制資本比率を計算するのは、金融機関ごとに内部モデルの活用にバラツキがあるため、公正ではないという考えが背景にあるようだ。そのかわり、オペレーショナルリスクの計量は、ビジネス規模と損失実績の組合せで計測する新標準手法（SMA）に一本化されることになった。これでは、将来起きうるイベントを織り込むシナリオ分析の柔軟性やフォワードルッキングな要素が後退してしまう面は否めない。

その他の背景として、SDGs（Sustainable Development Goals）対応に代表されるように、金融機関は、顧客・株主・従業員・地域社会・環境などさまざまなステークホルダーの不利益もリスク管理の対象とすべきとの認識が広まっていることがある。不利益も経済的損失のみならず、満足度の高さのような相対性（不効用）も考慮する必要がある。自身の経済的損失はわかりやすいが、顧客の損害や市場秩序への悪影響となると、さまざまな要素が関係しかなり複雑で困難だ。英当局が、2019年12月にオペレーショナル・レジリエンス（業務の強靭化）に関連して、コンサルテーションペーパーを公表しており、このなかで、金融機関は、顧客への影響やマーケットへの影響を考えて、具体的に重要業務を選定する必要があるとしている。さらに、こうした重要業務が中断した場合に、顧客やマーケットが最大限度どの程度まで耐えられるのかを時間という単位で具体的に見積もる必要がある。たとえば、テレフォンバンキング業務の提供停止は、顧客がオンラインバンキングなどの代替手段をどの程度確保しているのか、または、近隣の支店にアクセスできないか等を勘案したうえで、顧客にとって業務提供停止が最大限度耐えられるレベルは12時間と考える、などと見積もらなければならない。

最後に非財務リスク管理が注目される背景としては、インフォメーションテクノロジー（IT）の変化がある。サイバーセキュリティリスクはその代表だが、一方で、産業構造の変化も関係する。たとえばGAFAのような巨大なプレーヤーからそのプラットフォームを間借りして金融機関がサービスを提供する場合に、従来の外部委託管理の枠組みでは管理できないのではないかという問題がある。巨大ITプレーヤーからみると、銀行は1つのユーザーにすぎず、細かく管理されるような対象ではないからである（いわゆるサードパーティー・リスク管理）。これには個人情報保護の問題も含まれる。

(2) グローバルな動向と今後の方向

監督当局も、非財務リスクについて強い関心をもっている。バーゼルⅢ改革がほぼ決着し、「第1の柱」の見直しが終わったことで、国際金融規制の重点は「第2の柱」や「監督」に向かうと考えられる。第2の柱は、定量的手法でとらえきれない分野のリスクをカバーする領域であり、非財務リスクは、今後の監督上の重点分野となろう。

特に、コンダクト・リスクは監督当局の最も強い関心事の1つである。この概念が出てきたのは、2013年2月に金融安定理事会（FSB）が公表したリスクガバナンスに係るテーマ別レビュー（Thematic Review on Risk Governance）が最初と考えられている。グローバル金融危機の際の課題として、レピュテーショナルリスクやビジネスコンダクトへの配慮を指摘している。また、この後間もなくして、2013年4月には、英国で金融監督の大幅な組織改編が行われ、金融サービス機構（FSA）が、健全性監督機構（PRA）と金融行為規制機構（FCA）に改組された。文字どおり、FCAがコンダクト・リスクの監督を担う機関として設置され、LIBOR不正操作問題等、英国を中心としてコンダクト・リスクへの対応が加速していくことになる。さらに、FSBが、2015年に「ミスコンダクト削減のための作業計画」を策定し、各国当局に対応を促している。最近では、特にコンダクト・リスクと報酬との関係に監督の焦点が絞られつつある。FSBは2019年5月に、「ミスコンダクト・リスクに対処するための報酬ツールの利用に係るデータ当局報告に関する提言」を公表した。ミスコンダクト・リスク監督・管理強化をより技術的なレベルに掘り下げるとともに、報酬制度に関する当局報告の開始を提言するなど、具体的監督手法にも踏み込んでいる。

なお、足許での監督当局の関心は、金融環境の変化に対応して、サイバーセキュリティ管理、オペレーショナル・レジリエンス（強靭化）、サードパーティー・リスク管理等に移りつつある（パンデミックリスク（COVID-19）については、第8章参照）。

サイバーセキュリティは、金融だけではなく、産業界全体に関係するため、国連における政府専門家会合などで従来より議論が行われてきた分野だ。金融については、G7が2016年10月に、金融サイバーセキュリティ対策につき指針を公表し、これに続いて、バーゼル銀行監督委員会が2018年にオペレーショナル・レジリエンスワーキンググループ（ORWG）を設立して検討を開始した。サイバーセキュリティリスクの脅威に対していかに業務を維持・継続できるかという観点（サイバーレジリエンス）から、2018年12月にサイバーレジリエンス（Cyber-resilience：Range of Practice）として指針を公表している。

オペレーショナル・レジリエンスは、サイバーだけではなく、業務オペレーション全般にわたって、業務環境の変化、業務インフラへの脅威に対して、いかに柔軟に業務を回復・継続するかの金融機関の能力のことだ。上述のように、バーゼル銀行監督委員会ではORWGが専門的に議論しており、サイバーレジリエンスもカバーしている。オペレーショナル・レジリエンスの議論が国際的に加速したのは、英当局（BOE, PRA, FCA）が共同でディスカッションペーパー（DP）を公表（「Discussion Paper：Building the UK financial sector's operational resilience」（2018年7月））したのがきっかけだ。この文書で初めて管理枠組みが具体的に提案された。さらに、2019年12月に、DPを更新し（「Building operational resilience：Impact tolerances for important business services」（2019年12月））、対応事項や対応期限を明示している。欧州もEBAが英当局と同様のDPを同時期の2019年12月に公表しているほか、米国においても、FRB、OCCの監督指針のなかでオペレーショナル・レジリエンスを点検項目に含むなどグローバルな広がりをみせている。

英当局が公表したオペレーショナル・レジリエンスのDPと同時に発出されているのが、外部委託とサードパーティー・リスクに関するコンサルテーションペーパーだ。英当局も両者は密接に関連するものとして、対応スケジュールも外部委託管理、サードパーティー・リスク管理の枠組みが構築された後に、オペレーショナル・レジリエンス管理を整備する、という順番を明確にしている。外部委託・サードパーティーも含めて業務対象範囲を明確にしないと、業務の安定・継続は議論できないということだ。銀行業務を委託し、銀行が管理下におけるような関係の従来型の外部委託管理は従前より規制枠組みがあったが、最近の環境変化をふまえて、業務委託先のほうがサービス提供に比較優位があるような場合（GAFAが委託先のような場合）、従来型の管理とは違う管理が必要となるため、サードパーティー・リスク管理としてグローバルに当局の関心が高まっている。

(3) 国内の動向と今後の方向

国内でもグローバルの動きに歩調をあわせて着実に非財務リスクに関する監督を強化しつつある。金融検査マニュアルの廃止とともに、①全体感からみて実質を重視する、②新しい課題に対処するために前広に対応を議論する、③金融機関の多様性、創意工夫を促す、というアプローチに舵を切ろうとするなか、まさに、非財務リスク管理に関する監督はこうした趣旨に合致するものといえる。

コンダクト・リスクについては、コンプライアンス・リスクの一環として、「コンプライアンス・リスク管理に関する検査・監督の考え方と進め方（コンプライアンス・リスク管理基本方針）」（2018年10月）にいくつかの類型を記載している。また、モニタリングを通じてみられたコンダクト・リスクへの具体的な取組事例を「コンプライアンス・リスク管理に関する傾向と課題」（2019年６月、2020年７月一部更新）に取りまとめている。なお、コンプライアンス・リスク管理そのものについても、従来の個別問題への事後的な対応というアプローチから転換し、金融環境の急速な変化やコンプライアンス不芳事象の経営への影響をふまえ、予兆管理や未然防止等のフォワードルッキングなアプローチのほか、グローバルな目線での対応や経営陣の姿勢や企業文化も強く意識した内容となっている。

サイバーセキュリティについては、2015年７月に「金融分野におけるサイバーセキュリティ強化に向けた取組方針」を策定・公表し、さらに、2018年10月には東京オリンピック等をふまえ取組方針をアップデートしている。こうした取組方針に沿った取組みや実態を、「金融分野のサイバーセキュリティレポート」(2019年６月）として公表しており、国際的なサイバーセキュリティリスクへの対応との連携についても留意している。さらに、金融行政方針（2019年事務年度）においても、グローバルな課題の３つのうちの１つとして、外部委託先を含めたサイバーセキュリティ管理態勢強化を促していく旨が強く打ち出されている。

これに比べて、最近のグローバルな規制動向のなかで当局の関心の高い事項である、オペレーショナル・レジリエンスやサードパーティー・リスク管理といった項目は、金融行政方針のなかの世界共通の課題への解決への貢献といった項目でも記載はなく、今後の国内での議論が待たれるところである。

第２節　管理態勢・アプローチ

(1)　非財務リスク管理のむずかしさ

非財務リスクとは、前述したように、財務リスク以外のものなので、金融機関のリスクプロファイルに応じて非財務リスクのリスクカテゴリーも異なるものであるほか、所管部署、役割分担も組織により異なる。そのうえ、リスクを計量する方法や、リスクカテゴリーを比較するためのKRIも定まったものはない。

管理態勢を考えるには、まず、非財務リスクのサブカテゴリーをどうするかタクソノミー（分類）から考える必要があるが、そのためには、各銀行の現在のサブリスクカテゴリーをもう一度見直す必要がある（図表１－２参照)。

図表1－2　非財務リスクの管理態勢（例）

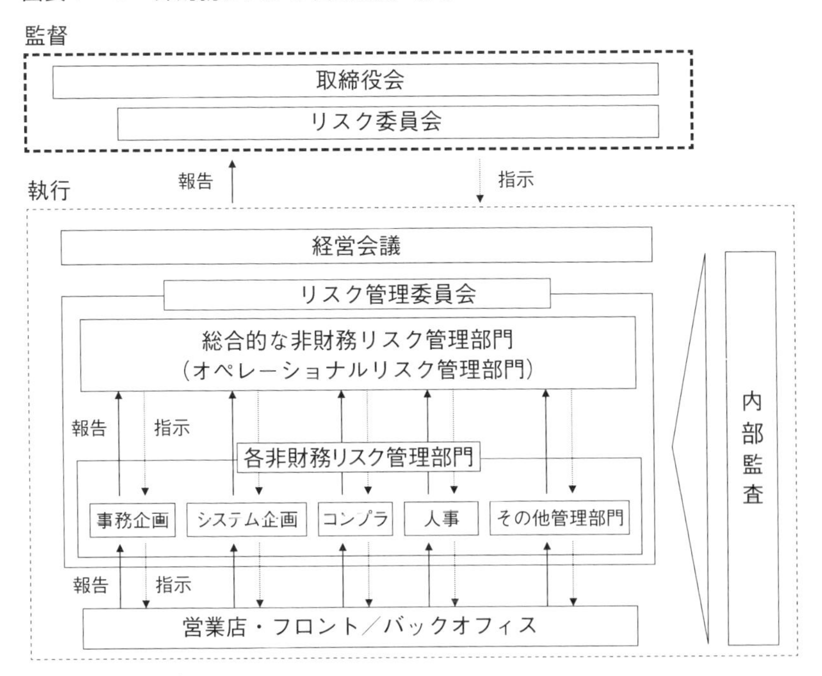

（出所）　筆者作成。

これは、多ければいいというわけではなく、銀行のリスクプロファイル・リスク認識、管理に必要な人員・コスト、組織態勢、経営からの管理のしやすさ等から最適な数がおよそ決まってくると思われる。

次に所管部署・役割分担であるが、統合的リスク管理フレームワークに基づく枠組みや、従前のリスクカテゴリーに沿って、すでにある程度態勢は整備されているだろう。３線防衛の考えも一般化していると考えられるので、横軸をリスクカテゴリー、縦軸を３線防衛もふまえた所管部署とすると、こうしたマトリックスをつくって運営している金融機関が大宗と考えられる。このなかで新たなリスクカテゴリーを考える場合に、既存の枠組みのなかでとらえようとするのが一般的なアプローチだ。

たとえば、オペレーショナルリスク管理部署があった場合に、新たに生じる非財務リスクは、すべてこの部署が所管するという運営方法もあるだろう。また、コンダクト・リスクというカテゴリーが出てきた場合に、リスク管理部署とコンプライアンス管理部署が共同で所管するような場合もあると思われる。組織形態によってさまざまなアプローチが可能と考えるが、重要なことは、新たなリスクカテゴリーを正確に定義して把握することだ。従来のリスクとは違う要素があるからこそ、新たなリスクカテゴリーを検討するのであって、組織態勢に無理にあわせる必要はない。さらにいえば、将来、どのようなリスクプロファイルとしていくかというフォワードルッキングな視点とも関係する。

非財務リスクの管理は、財務的な数字で算出が困難なため、KRIというかたちで何かリスクを表象する代表的なもので管理、モニタリングする先が大宗と考えられる。レピュテーショナルリスクであれば、自分に関するネガティブな記事が主要全国紙で何ページ掲載されたか、サイバーセキュリティリスクであれば、外部からの不正アクセス件数などだ。しかし、ここにあげた例でもわかるように、非財務リスクをいかに適切にコントロールしているかというのを表象するKRIを設定するのはなかなかむずかしい。上記の例では外部の要因のみで左右する数字であり、いくら内部で努力して管理・コントロールしてもその努力が反映されないことになる。

(2) 非財務リスク管理態勢・枠組み

このように非財務リスク管理には相応に困難な要素があるが、それでは、どのような管理態勢が望ましいのであろうか。

まずは、各金融機関とも自分がどのようなリスクを抱えているか、リスクの棚卸しをすることが必要である。リスクプロファイルに照らして、今後発生することも含めて可能な限りリスク事項を棚卸しして、グルーピングする必要がある。リスク事項の棚卸しにあたっては、既存の枠組みであるRCSA（リスク統制自己評価）や、リスクレジスターを活用して洗い出すことも可能だ。そのうえで、頻度、想定損失、経営上の優先度、顧客影響などを勘案してリスクごとに優先順位をつける必要がある。

優先順位に応じて、リスク識別状況の簡易診断をし、リスクの捕捉範囲や、規程・マニュアル、コントロールの有無などを洗い出し、何を態勢として整備をする必要があるか、リスクカテゴリーごとに考えていく必要がある。その際どの部署が責任をもって整備するかも決める必要がある（図表１－３参照）。

非財務リスクの管理態勢が、現在の態勢で十分である、見直しする必要はない、と考えている場合は、現在の管理態勢をどの程度成熟した管理態勢なのか、また、現状のリスクの捕捉範囲の設定、経営環境・規制環境に照らして妥当な態勢かどうかなど管理態勢を評価し、あらためて確認することも考えられる。これらをリスクカテゴリーごとにレーダーチャート等で見える化し、経営にもわかりやすいかたちで現状を把握することで、もう一度現状の管理態勢で問題ないかどうか判断する必要がある（図表１－４参照）。

管理態勢評価にあたっては、形式的なスコアリングにとどまらず、何が本質的なリスクなのかをスコアリングと対比しながら、実体的に考えて判断する必要がある。スコアリングの確認作業のイメージだ。たとえば、過去に事故事例があった場合に、何が真因であったか深く掘り下げる必要がある。個人の一過性のミスなのか、構造的なミスなのかは重要なポイントだ。リスク文化に根付いたミスであるかもしれない。さらに何か事象が起きたときに適切にモニタリングされていたか、経営に適切に報告が実施されていたか、適切な場で議論されたか、等のプロセスの確認もポイントの１つだ。そのうえで、再発防止策がきちんと設定されているか、設定されているならば実効性をもって認知・運営されているかも確認する必要がある。さらには、他の金融機関で起きている事故事例を参考に、自分には起きないような管理・コントロールの枠組みが整備されているか、起きた場合に対応がとれる態勢となっているか、等も確認ポイントとなる。さまざまな角度から管理態勢を確認・評価する必要がある。たとえば、製造業における品質管理の枠組み（工程管理、品質検証、品質改善）が参考になることもあるだろう。

こうして非財務リスクの管理態勢を洗い出した後に、次に、誰が効率的かつ効果的に管理できるかの所管部署、役割分担が問題となる。そこには、３

図表１－３　非財務リスクの識別状況の簡易診断（例）

		事務リスク	コンプライアンス・リスク
Q 1	• NFRのサブカテゴリーは定義されているか	○	○
Q 2	• 定義を見直す必要性はあるか	NA	NA
Q 3	• 主管部署は明確か	○	○
Q 4	• 規程・マニュアルは整備されているか	○	○
Q 5	• リスクに対するコントロールが定義されているか	○	○
Q 6	• 影響度は評価されているか	○	○
Q 7	• リスク発生時のレポートラインは明確化されているか	○	○
Q 8	• BCMのシナリオとして検討されているか	○	NA
・：	・：	・：	・：
Q#	• 報告する会議体は定義されているか	○	○

（出所）筆者作成。

線防衛も考慮しなければいけないが、ここでは、リスク管理の主たる役割となる第２線の役割分担を考える。

当然のことながら１つのリスクカテゴリーは１つの部署が責任をもって管理するのが最も責任が明確である。しかし、コストセクターである第２線の部署に無制限に経営資源を投入できる金融機関も少ないだろう。そこで、現状の枠組みを維持したまま、新たなリスク（たとえば、サイバーセキュリティリスク）を管理しようという試みが行われるのが通常だ。トップダウンの決定で、特定部署に責任を負わせるかたちであればあまり時間はかからないが、大宗は、時間をかけても結論が出ない場合が多く、共同で管理する、という結論になる場合もある。責任さえ明確になっていれば問題ないが、お互

ノンフィナンシャルリスク（NFR）							
レピュテーショナルリスク	コンダクト・リスク	リーガルリスク	モデルリスク	戦略リスク	サードパーティー・リスク	サイバーリスク	・・・
○	○	○	○	△	○	○	・・・
NA	NA	NA	NA	△	NA	NA	・・・
○	△	○	○	○	NA	○	・・・
○	△	○	△	△	NA	△	・・・
○	△	○	△	△	NA	△	・・・
○	△	○	○	NA	NA	△	・・・
○	△	○	○	△	△	△	・・・
NA	NA	NA	NA	NA	NA	○	・・・
・：	・：	・：	・：	・：	・：	・：	・：
○	○	○	△	△	○	○	・・・

いに譲りあったり、牽制しあったりして機能しなくなることがないよう十分留意する必要がある。少なくとも責任が横断的となる場合は、メインとサブの区分けは設ける必要があろう。また、いわゆる「文鎮型」でリスクカテゴリーと部署をフラットに割り振ることにこだわらずに、重層的な「釣り鐘型」で役割分担を考えることも、新たなリスクカテゴリーが生じた場合にポテンヒットを防ぐ手段の１つだ。

　また、サブリスクカテゴリーを発展段階、進捗段階に応じて所管部署を変えるというアプローチもある。サイバーリスク等も含め、行内でのリスク認識が現時点であまり高まらないリスクカテゴリーがある場合、すべて、たとえば、オペレーショナルリスク管理関連部署や経営企画部門等がみたうえ

図表1－4　非財務リスクの管理態勢評価（例）

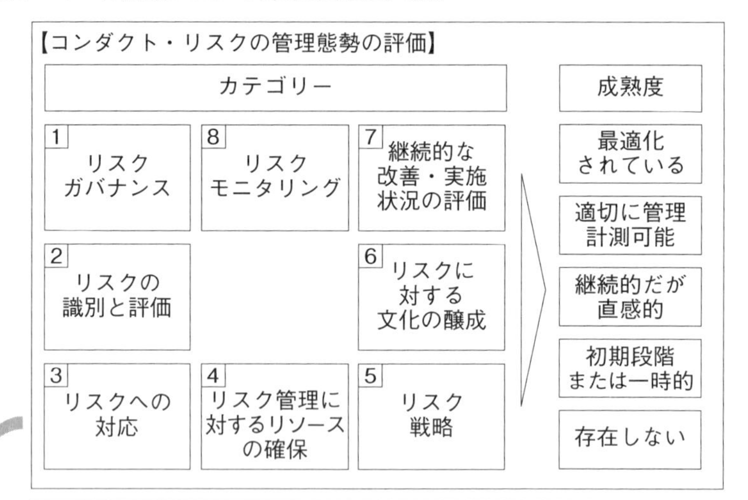

リスクの識別と評価		
#	評価項目	評価結果
1.01	コンダクト・リスク評価のプロセスを規定する規程・マニュアルが定められている。	
1.02	連結グループ全体において、コンダクト・リスク管理の方針が定められている。	
1.03	重要なコンダクト・リスクが識別・分類され、その影響度が分析されている。	
1.04	組織において最も影響の大きいコンダクト・リスクは何かが識別されている。	

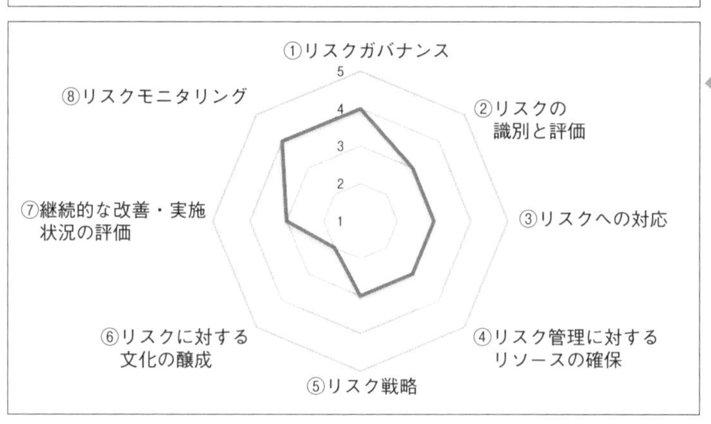

（出所）　筆者作成。

で、定期的にリスク認識の見直しを図るというものだ。当局規制、内外事故事例等を契機に独立のサブリスクカテゴリーとして立ち上げる必要があるまでは、いわば、「その他」のリスクすべてを引き受ける部署がみることになる。これは、リスク管理の網羅性や抜け落ちがないことを担保するという点では問題ないが、当該リスクカテゴリーに関する専門性や管理ノウハウの有無、さらには責任ある管理態勢の追求という点からは限界もある。中期業務計画等の区切りで、一度、発展段階を中期的に見極めたうえで、しっかりとリスク管理態勢を固めていく必要があると考えられる。

(3) 従来型のアプローチと課題

環境変化により生じた新たなリスクカテゴリーに留意してリスク管理を行うとしても、こうしたリスク管理の網羅性という概念は、オペレーショナルリスク管理のときからすでにあったはずだ。それであるならば、その分析手法を活用すれば、新たなリスクにも対応できるのではないかとも考えられる。

オペレーショナルリスクで、リスクを網羅的に把握するツールは、RCSA（Risk Control Self-Assessment、リスク統制自己評価）だ。営業現場を含め、すべての部署が将来起こりうる可能性も含めて網羅的にリスク事象を洗い出し、固有リスク、コントロールを評価し、評価時点で残余しているリスクは何かを洗い出すプロセスだ。これを取りまとめることにより、先進手法で使われるシナリオ分析に活用されることになる。

サイバーセキュリティを例にとると、従来型のRCSAであるならば、IT所管部署で潜在リスク事象として認識されることになる。サイバーセキュリティと情報セキュリティ（IT所管部署が所管）の違いは、後述に譲るとして、イメージとしては、サイバーセキュリティがクラウドなど外部のサイバー空間も含めた対象とするのに対して、情報セキュリティは、自分が有する情報資産の安全性確保にあることであろう。対象とするリスクの範囲が違うと考えられるため、従来のIT所管部署が、情報セキュリティの概念を基にすべてのリスクを洗い出しても、漏れが出てくる可能性がある。さらに、新たなリスクカテゴリーとみられる、サードパーティー・リスク管理はこの傾向が明確だ。従来型の外部委託管理の延長で考えると、直接の委託先でない孫請け先等をどこまで対象として管理するかの議論が、まさにサードパーティー・リスク管理の１つのポイントだからだ。

ただし、RCSAの枠組みはすでに各銀行で定着し、有効に機能しているリスク管理ツールの１つとして考えられ、これを有効活用しない手はない。新たなリスクカテゴリーを認識、定義し、所管部署を決めれば、当該所管部署が、網羅的にリスクを洗い出し、評価することが可能だ。

次に、従来型のアプローチを考えると、シナリオ分析がある。シナリオを考えて、頻度、想定損失をそれぞれのシナリオで考え、統計的な処理方法で、リスク量を計量する方法だ。いわゆる現在のオペレーショナルリスクの先進的手法によるものだ。この方法はかなり汎用的だ。なぜなら、シナリオは将来起こりうるいかなる事象をも含めて考えるからだ。たとえば、東京オリンピックにおけるサイバーアタックの確率は50年に１回程度と見積もり、一度サイバーアタックがあると、システムの復旧、預金者への告知、ATMがストップした場合の預金流出、ハンドリングコスト、さらにはレピュテーショナルリスクも含めて総額でたとえば、100億円と見積もるとすると、サイバーリスクの１つのシナリオができる。このシナリオを積み上げていき、統計的な処理を施せば定量的なリスク計量も可能である。

しかし、バーゼル委員会は、すでに2023年[1]に規制資本を計算する方法としては、先進手法を廃止することを宣言している。やはり、規制資本とするには、各行とも広範に計量の裁量が認められているため、比較するうえで好ましくないという判断があったものと考える。

資本規制に採用されなくとも、内部管理上の活用は可能だ。計量する前提条件さえ明確にすれば、数字を出すことそのものは不可能ではない。ただ

1　中央銀行総裁・銀行監督当局長官グループ（GHOS）は、新型コロナ（COVID-19）の影響を勘案し、バーゼルⅢの適用を、2023年１月に延期することを決定した（変更前は2022年１月）。これに伴い、完全実施も2028年１月へ延期となった。

し、非財務リスクであるがゆえ、シナリオを考えてもなかなか起こる頻度や想定される損失は数字で算出しづらい、もしくは1つの数字としてコンセンサスが関係者間でとれないことも想定される。計量するとしても、そうした限界を明確に認識しつつ、あくまで参考程度に算出するにとどめるほうが無難であると考える。

(4) これからのアプローチ

金融テクノロジーの変化もふまえて生じてきた新しい非財務リスクもある。それであるならば、新たなテクノロジーを活用して、これまでとは異なるアプローチがとれるのではないかとも考えられる。足許では、テクノロジーの発達を反映して、さまざまな方法が考えられている。

たとえば、ストレスセンシングツールだ（図表1－5参照）。これは、発話音声による心の状態を測定することで、電話機で音声を録音し、解析することにより、いまの心の状態を「元気圧」として可視化するものだ。声帯は脳とつながっており、心地よいと感じたときは緩み、不快に感じたときは固くなる。この変化は、感情の数だけ微妙に異なり、その変化をとらえ、心の状態を測定するというものだ。

人的リスク・労務リスク管理の一環として、職場における精神的なストレス・精神疾患等を探るKRIとして活用可能である一方、傾向を分析すれば、企業カルチャーの変化の探知や不芳行為の未然防止等、コンダクト・リスクに対応する有効なツールとして機能する可能性も十分にある。

さらに、テキストマイニングというツールもある（図表1－6参照）。営業店の担当者が記録している営業日誌をすべて単語レベルで拾い上げ、これをAI等を使って、過去に取引先の破綻や、行員の不芳行為などが起きる前に、どのような言葉を使うとそうした事象が起きたかという関係性を示すものだ。営業日誌という文字の媒体だけではなく、電話での会話も録音していれば音声を基に分析もできる。

たとえば、「入金」や「留守電」という単語が頻繁に営業日誌に出てくる

図表1－5　ストレスセンシング

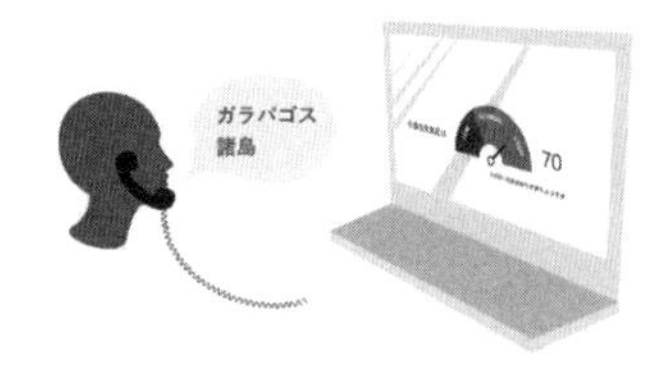

	STEP	検証事項
A	従業員の心の状態の測定	•定期的に発話により心の状態を測定（数値化＝指数）
B	リスクカルチャーサーベイ等との相関分析	•心の状態の指数にどのような傾向がみられるかを分析（部別、職位別、曜日別など） •従業員の心的疾患、部単位のパフォーマンスとの比較のほか、ミスコンダクト、オペレーショナルエラーの状況等との相関分析を実施
C	フォワードルッキングなKRIとしてのモニタリング	•上記の傾向の早期発見モニタリングツールとして、発話による心の状態の測定を用いる

（出所）　筆者作成。

と、その6カ月後に取引先が破綻する事象と関連性が深い、というような分析が可能だ。取引先の破綻を、行員の不芳行為に置き換えて分析すれば同様の分析もできる。営業日誌や電話の音声記録などを大量にAIに分析させることで（たとえば、全支店の営業担当の日誌を5年分分析する等）、少しぐらいの記載の間違いや用語の使い方の違いなどは関係性を分析するうえであまり影響がないようにすることも可能だ。さらに、営業日誌や音声記録の当事者の属性を入れれば、役職ごと、部門ごと、年齢別、性別、地域別等属性に切り分けた傾向分析もできる。取引先の倒産の予兆管理などの信用リスク管理のツールとしても使えるが、人的・労務的リスク管理、コンダクト・リスク

図表1－6　テキストマイニグ

営業店の業務日誌を
テキストに読込み

AI等も活用して言葉同士のつな
がりをみたうえで、分析したい
事象（ミスコンダクト）と言葉
との関係性をスコアリング

ミスコンダクトとの関係性スコア
70以上の言葉をピックアップ

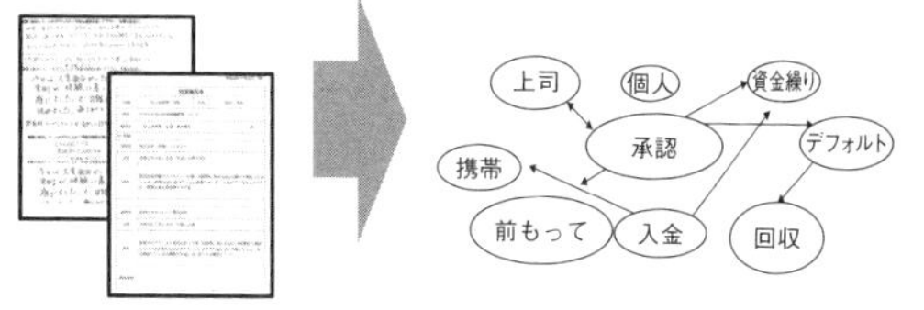

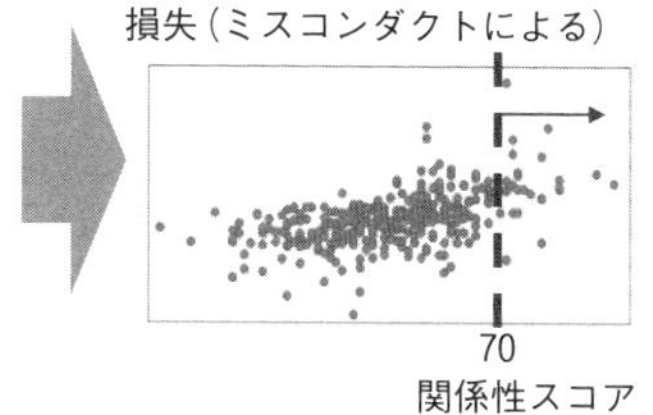

（注）スコア70を閾値としたのは
例であり、警戒レベルに応じ
ていかなる設定も可能

	STEP	プロセス
A	営業日誌読込み	•営業店の営業日誌を過去数年分（5年）読み込み、テキスト化
B	関係性スコアリング	•AI等も活用し、分解した言葉が文脈として意味があるようにみなしたうえで（たとえば、「留守」と「電話」という単語は、「留守電」として認識する等）、分析したい事象（従業員のミスコンダクト、取引先の破綻等）と、言葉との関係性をスコアリング
C	フォワードルッキングのKRIとしてのモニタリング	•分析したい事象と言葉の関係性は時間軸も考慮可能であり（たとえば、取引先が破綻する半年前に頻繁に営業日誌に登場した単語等）、フォワードルッキングなモニタリング指標として活用可能

（出所）筆者作成。

管理等における予兆管理にも活用の幅を広げることもできる。

しかし、いずれも、非財務リスクのリスク量を測るメインなツールとするには現状はまだ不十分であり、発展段階にあると考えるべきである。今後の開発・発展状況と利用の広がり度合いによっては、新たなベンチマークとし

図表１－７　製造業の品質管理

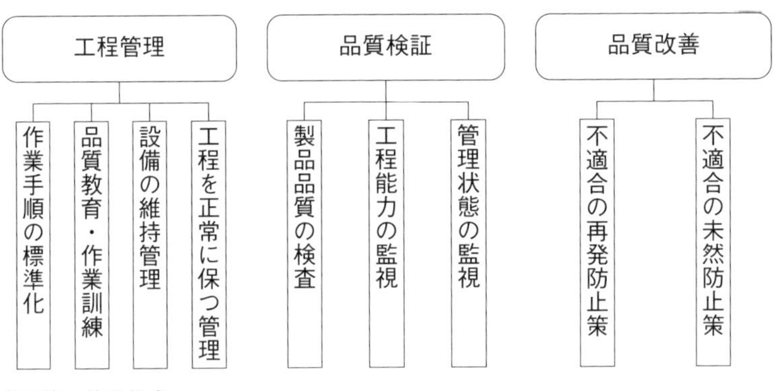

（出所）　筆者作成。

て十分使える要素はあるが、やはり、現状のアプローチとしては、しっかりと管理態勢の自己評価をしたうえで、それぞれで妥当なKRI管理を行い、モニタリングしていく、という地道なプロセスがいちばん有効と考えられる。その際には、たとえば、取引先である製造業における品質管理を参考にすることも考えられる（図表１－７参照）。トヨタの「カンバン方式」は言うに及ばず、「カイゼン」等もそのまま日本語で通じるほど日本の製造業の品質管理は世界中のモデルとなってきた。こうした品質管理はまさに質の管理であり、プロセス、アプローチは十分参考になり、金融機関にとって非財務管理を高度化していくうえで必ずヒントとなるはずだ。

また、第３線の役割も重要だ。非財務リスク管理のKRI選定やモニタリング手法そのものが、新たなリスクカテゴリーのリスクを判断するうえで、妥当かどうかを診断する役割が期待される。第３線の目線からも、非財務リスクの目的や意義をしっかりとふまえ、ガバナンスが効くプロセスとなっているかどうか検証していく必要があると考えられる。

第 2 章

コンプライアンス・リスク

第1節 「コンプライアンス・リスク」とは

(1) 金融機関のコンプライアンスをめぐる状況

金融機関において、「コンプライアンス」とは、「法令等遵守」であり、ともに金融機関の健全性を支える要素ではあるがリスク管理とは異なるものと整理されてきた[1]。金融当局も、監督指針や金融検査マニュアルにおいて、「法令等遵守＝コンプライアンス」との整理を前提として、コンプライアンスに関する詳細なチェック項目を提示してきた。

このような金融当局による詳細な行政上の手引書は、金融機関によるコンプライアンス態勢の構築・平準化に一定程度寄与した一方、金融当局による過剰規制・過剰介入、金融機関の創意工夫の不必要な制限、コンプライアンス・コストの増大等[2]の弊害もみられるようになった。

具体的には、詳細な金融検査マニュアルに基づく体制整備や検査対応等に追われ、営業現場や管理部門が形式的なルールベースでの対応に疲弊する、いわゆる「コンプラ疲れ」の状況がみられた。反対に、詳細なルールに過度に依拠し、「ルールに抵触しなければ問題ない」との発想のもと、必ずしも明文のルールには形式的には抵触しないが顧客本位や社会的要請等に照らし不適切な行為を行った結果、社会的批判や企業価値の毀損に直面し、その経営に重大な影響を受けている金融機関も存在するようになった。

金融庁による近時の行政処分も、手数料の算定根拠が不明な融資や、不動産関連業者（チャネル）による虚偽の賃料・入居率に基づく投資用不動産融資等、既存の法令に抵触するかは直ちに明らかでない行為についてもその処

1 今野雅司『金融機関のコンプライアンス・リスク管理』（金融財政事情研究会、2019年）2頁。
2 金融庁「金融検査・監督の考え方と進め方（検査・監督基本方針）」（2018年6月）7頁参照。

分対象に含めており、顧客本位の業務運営態勢や、健全な企業文化の醸成等を課題として指摘している[3]。

(2) 金融庁「検査・監督基本方針」と「コンプライアンス・リスク管理基本方針」の公表

このような状況において、金融庁は、2018年６月、「形式・過去・部分」から「実質・未来・全体」を志向する「金融検査・監督の考え方と進め方(検査・監督基本方針)」を公表した[4]。

検査・監督基本方針では、金融検査マニュアルの上記弊害等を指摘したうえ、金融検査マニュアルは別表も含め廃止する一方、金融機関の規模・特性もふまえ、基本的な考え方や金融行政の目標にさかのぼって議論を深めるための視点を提供する「考え方、進め方、プリンシプル」を示す旨が記載されている。

この方針に基づき、金融検査マニュアルは2019年12月に廃止され、これにあわせ、「考え方・進め方・プリンシプル」として「検査マニュアル廃止後の融資に関する検査・監督の考え方と進め方」が公表された[5]。「考え方・進め方・プリンシプル」は、あらゆる問題に体系的・網羅的に解答を提供するのではなく、整理が有益と考えられるテーマを順次取り扱うこととされており、コンプライアンス・リスク管理に関しては、2018年10月、他のテーマに先駆けて、「コンプライアンス・リスク管理に関する検査・監督の考え方と進め方（コンプライアンス・リスク管理基本方針)」(以下「基本方針」という）として策定・公表された[6]。

基本方針は、検査・監督基本方針の趣旨をふまえ、「形式・過去・部分」

3　今野雅司「「コンプライアンス・リスク管理基本方針」公表後の金融当局および金融機関の動向」（金融・商事判例1586号2020年３月増刊号）24頁。

4　https://www.fsa.go.jp/news/30/wp/wp_revised.html

5　https://www.fsa.go.jp/common/law/manualLink.html
https://www.fsa.go.jp/news/r1/yuushidp/20191218.html

6　https://www.fsa.go.jp/news/30/dp/compliance_revised.html

から「実質・未来・全体」志向のコンプライアンス・リスク管理の高度化の必要性に言及している（図表２－１参照）。

図表２－１　「形式・過去・部分」への集中から、「実質・未来・全体」に視野を拡大したコンプライアンス・リスク管理へ

		視野の拡大	
金融機関	形式 －形式的な法令違反のチェックに終始、表面的な再発防止策の策定等、ルールベースでの対応の積み重なり（「コンプラ疲れ」）	→	実質 －金融機関の規模・特性に応じたリスクベースでのメリハリのある管理態勢を構築
	過去 －発生した個別問題に対する事後的な対応	→	未来 －潜在的な問題を前広に察知し、その顕在化を未然に防止
	部分 －経営の問題と切り離された、管理部門中心の局所的・部分的な対応	→	全体 －経営陣において、ビジネスモデル・経営戦略・企業文化とコンプライアンスを表裏一体であるとの認識のもと、経営目線での内部管理態勢を主導 －「世間の常識」とずれないために、外部有識者等の視点を活用するガバナンス態勢を構築
金融庁	－金融庁の重箱の隅をつつくような検査が上記を助長		－ルールベースではなく、経営の問題としての取組みを評価することを目的とした金融機関の経営陣との対話 －重要な問題に焦点を当てた、リスクベースのモニタリング －金融機関の規模・特性に応じ、負担に配慮

（出所）　検査・監督基本方針８頁、「コンプライアンス・リスク管理に関する検査・監督の考え方と進め方（コンプライアンス・リスク管理基本方針）のポイント」（https://www.fsa.go.jp/news/30/dp/compliance_revised_abstruct.pdf）を基に筆者作成。

(3) 「コンプライアンス・リスク管理基本方針」における「コンプライアンス・リスク」

基本方針は、利用者保護と市場の公正・透明に関する分野、そのなかでも特に、法令等遵守態勢や顧客保護等管理態勢として扱われてきた分野を扱うとされており、この点に関しては、これまでの金融機関のコンプライアンスの整理と大差ないようにも思われる。

もっとも、他のリスクカテゴリーに分類されるリスクとコンプライアンス・リスクとが同時に顕在化する場合や、コンプライアンス・リスクに関する問題事象が他のリスクが顕在化する予兆である場合等、コンプライアンス・リスクと他のリスクが関連する場合にも、基本方針の考え方が妥当するとされている（図表２－２参照）。

また、基本方針は、幅広いリスクの捕捉および把握にあたって、金融機関の事業に適用される法令の洗出しおよび法令に対する違反が生じうる業務の特定を出発点としつつ、社会規範に悖る行為や社会的要請に照らし不適切である行為等により企業価値が毀損する点にも触れている。基本方針は、コンプライアンス・リスクに係る定義規定を設けておらず、各金融機関自身がビジネスモデル・経営戦略をふまえ何が自社にとってのリスクにつながるかを検討する必要があるとしており[7]、「社会規範」「社会的な要請」等についても必ずしも具体的に明示しているわけではないが、１つの方法として、「社会規範」「社会的な要請」を、金融機関を取り巻く「ステークホルダー」の要請と置き換えて検討していく方法が考えられる。すなわち、金融機関は、会社の所有者としての株主のみならず、顧客・債権者・取引先等の取引の相手方や、従業員・地域社会等、多くの利害関係者（ステークホルダー）に囲まれて存在しており、不祥事とは、これらステークホルダーの信頼を損なうことにほかならない[8]。

7　コンプライアンス・リスク管理基本方針に関する「コメントの概要及びコメントに対する金融庁の考え方」（https://www.fsa.go.jp/news/30/dp/compliance_comments.pdf）５～９番参照。

図表２－２　コンプライアンス・リスク管理基本方針の位置づけ

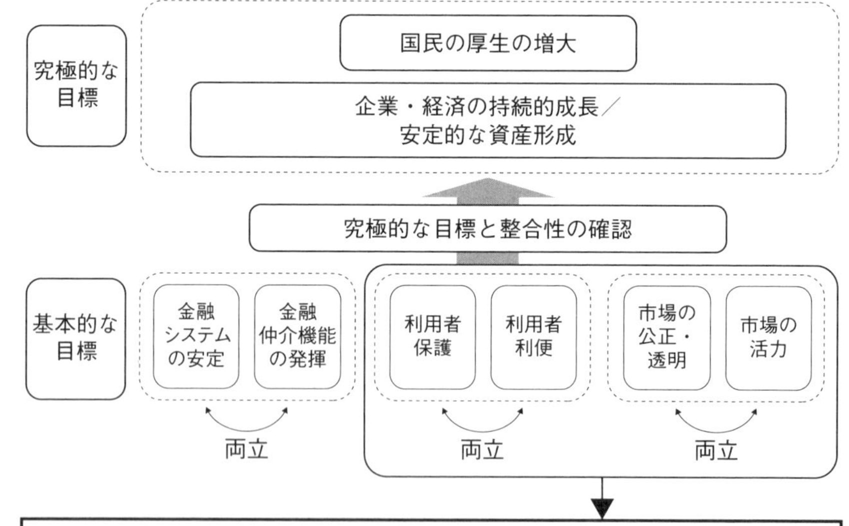

【コンプライアンス・リスク管理基本方針のスコープ】

■利用者保護と市場の公正・透明に関する分野、そのなかでも特に、法令等遵守態勢や顧客保護等管理態勢として扱われてきた分野。

■他のリスク・カテゴリーに分類されるリスクでも、コンプライアンス・リスクに関連する場合。

1．（信用リスク＋コンプライアンス・リスク）
収益至上の企業文化での無理な営業活動・与信審査＋審査書類改ざん

2．（システムリスク＋コンプライアンス・リスク）
脆弱なセキュリティ下でのコンピュータの不正利用＋機密情報の流出

3．（事務リスク＋コンプライアンス・リスク）
事務ミス、事故、不正等を軽視＋同種事案の発生を看過

【コンプライアンス・リスク管理基本方針の利用方法】

■よりよい実務に向けた対話の材料とするためのもの、個々の論点を形式的に適用したり、チェックリストとして用いたりはしない。

■重点的にモニタリングを行った特定の課題等について、その結果や今後の課題・着眼点等を必要に応じ公表。

【検査マニュアルとの関係】

■2019年12月18日廃止。

■検査マニュアルに基づいて定着した実務を否定するものではなく、現状の実務を出発点に、よりよい実務に向けた創意工夫を進めやすくするためのもの。

（出所）　検査・監督基本方針５頁、基本方針１頁等を基に筆者作成。

図表２－３　社会規範・社会的要請を意識したコンプライアンス・リスク管理

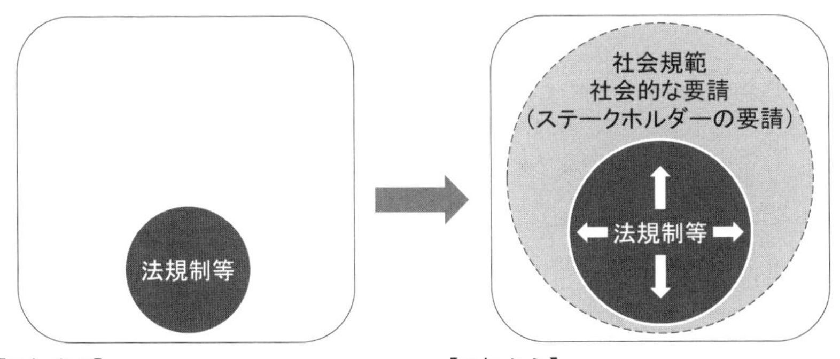

【これまで】
- ■法規制等への遵守の有無が検討の主眼
- ■法規制等に違反しなければ問題ないとの誤解が生じる可能性

【これから】
- ■遵守すべき法規制等が、広範化かつ複雑化
- ■単なる規定の形式的遵守のみならず、社会規範や社会的な要請、ステークホルダーの要請に従った行動が重要
- ■検討の主眼は、ステークホルダーの要請に反していないか

（出所）　今野雅司「金融庁の発信情報の読み解き方（第２回）コンプライアンス・リスク管理」（銀行法務21No.848）56頁。

金融機関としては、コンプライアンス・リスクを把握・捕捉するにあたって、自らのステークホルダーを特定し、その要請を適切に理解していく方法が考えられる（図表２－３参照、あわせて、第３節(3)も参照）。

(4)　コンダクト・リスクとの関係

基本方針は、必ずしも共通した理解が形成されているとはいえないことを前提としつつ、コンダクト・リスクにも言及している。具体的には、コンダクト・リスクが生じる場合として、金融機関の役職員の行動等によって、①利用者保護に悪影響が生ずる場合、②市場の公正・透明に悪影響を与える場合、③客観的に外部への悪影響が生じなくても、金融機関自身の風評に悪影響が生じ、それによってリスクが生ずる場合としたうえ、「コンダクト・リ

8　今野、前掲注１、28頁。

スクは、金融機関に対する上記のような社会的な期待等に応えられなかった場合に顕在化するリスクを、比較的新しい言葉で言い換えるにすぎないと考えることもできる」としている。

金融機関においても、以下のように、コンプライアンス・リスクをコンダクト・リスクと同様のものとして整理する取組みがみられる[9]。

> 経営陣主導の下、自社または自社グループにとってのコンプライアンス・リスク（コンダクト・リスク）を従来の法令等遵守よりも広い概念（たとえば、社会規範や道徳を遵守すること、顧客の信頼に応えること、市場の公正に配慮すること等を含む概念）として定義し、管理のためのフレームワーク等を策定している

他方で、上記のとおり、基本方針は、金融機関の事業に適用される法令の洗出しおよび法令に対する違反が生じうる業務の特定をコンプライアンス・リスクの捕捉・把握の出発点としており、コンプライアンス・リスク管理の対象範囲として必ずしも役職員の行動を起因として生ずるリスクのみに限定しているものではない。また、金融機関がカバーすべき法規制は、銀行法・保険業法・金融商品取引法等の業法のほか、犯罪収益移転防止法・外為法等、金融機関として遵守すべき業法以外の法規制、個人情報保護法・労働法・独禁法等、事業会社一般に適用される法規制、グローバルな業務展開に関して適用される海外の法規制、これらに関して金融当局その他の行政当局が公表するガイドライン等、広範に及んでおり、役職員の行動のみに着目したからといってこれらをすべてカバーしきれるものでもない。金融機関としては、こうした広範な法規制の遵守等のこれまでの（狭義の）コンプライアンス・リスク管理を行いつつ、法規制の遵守のみでは対応しきれない役職員の行動に起因するコンダクト・リスクの顕在化の防止も含む、（広義の）コンプライアンス・リスク管理を実効的かつ効率的に実施していくことが重要

9　金融庁「コンプライアンス・リスク管理に関する傾向と課題」（2019年6月、2020年7月一部更新）、5頁。

と考えられる。

本章では、上記の意味での広義のコンプライアンス・リスク管理に関する態勢整備やリスクの特定・評価等に関する主なポイントを以下で概説する。コンダクト・リスクに特化した具体的なリスク管理の手法については、第3章をご参照いただきたい。

第2節 「コンプライアンス・リスク管理基本方針」の概要と金融機関の対応

以下では、基本方針のうち、これまでの管理部門中心の法令等遵守態勢では十分に意識されていなかったと思われる点を中心に、その内容を概説するとともに、金融機関の取組事例等を紹介する。

(1) 経営陣の姿勢・主導的役割

基本方針では、「コンプライアンス・リスクは、ビジネスと不可分一体で、往々にしてビジネスモデル・経営戦略自体に内在する場合が多く、その管理は、まさに経営の根幹をなすものである」としており、経営陣が率先してビジネスモデル・経営戦略をふまえ検討することの重要性を繰り返し強調している。基本方針は、このような経営陣の姿勢（「tone at the top」）は、実効的なコンプライアンス・リスク管理の根幹として重要な企業文化にも大きな影響を与えるとしている。

具体的には、経営陣の姿勢・主導的役割として、以下の点が重要である旨言及している。

① 金融機関の経営陣においては、コンプライアンス上の重大な問題事象は、ビジネスモデル・経営戦略と表裏一体のものとして生じることが少なくなく、コンプライアンス・リスクは、基本的にこれらに内在するものであることを認識する必要がある。

② 経営陣において、ビジネスモデル・経営戦略から、コンプライアンス・

リスクを含めどのようなリスクが生じうるか、十分な想像力をめぐらせて幅広く検討し前広に考慮していくことが重要となる。

③ その際、抽象的な事実だけではなく、具体的な事実（数字・金額等）をふまえることが重要となる。

経営陣がコンプライアンスを重視する姿勢を示す方策として、代表取締役による全役職員に向けたメッセージの発信といった方法[10]のほか、対外的にコンプライアンスに関する方針を「企業行動規範」等として策定・公表し、ステークホルダーの監視・牽制の対象とすること等を通じ、健全な企業文化の醸成に役立てるといった方法も考えられる[11]。

こうした経営陣による役職員向けメッセージの発信やコミットメントといった取組み以前に、コンプライアンスに関する対応を管理部門に丸投げすることなく、経営陣が主体的にコンプライアンスをとらえ、経営の根幹として検討する態勢[12]となっているかも重要となる。コンプライアンスに関する既存の会議体の構成や運用状況等をあらためて見直し、役員が参加し、ビジネスモデル・経営戦略をふまえた実質的な議論を行うことのできる環境整備を実施することが重要と考えられる。その際、「社内の常識」と「世間の常識」との乖離を埋めたり、急激な環境変化に関する情報の外部からの入手・意思決定への反映等のため、社外役員等の外部の声を積極的に反映していくことも有用と考えられる（(3)、第３節(4)参照）。

金融庁も、基本方針公表後、金融機関の経営陣等と対話を継続しており、その第一点目として、「①ビジネスモデル・経営戦略におけるコンプライアンス・リスク管理の位置づけ。ビジネスモデル・経営戦略から生じうる主な

10　重要なのは実質的にもコンプライアンス・リスク管理を経営の根幹とするトップの姿勢であり、管理部門等が起案したメッセージを代表取締役名で発信するといった形式的な対応に終始することのないよう留意が必要となる。今野、前掲注１、41頁参照。

11　今野、前掲注１、128、129頁参照。

12　なお、金融行政においては、「体制は組織体制そのもの、態勢は実際に機能が発揮されている状態にあるもの」と使い分けられることがある（金融庁「金融検査マニュアルの改訂について」《パブリック・コメントの概要及びそれに対する考え方》61番）。この区分を前提とすれば、実効的なコンプライアンス・リスク管理のために目指すべきなのは「態勢」の整備であり、既存の会議体にコンプライアンスを単に議題に追加するといった「体制」を形式的に整えるのみに終始することのないよう、留意が必要となる。

コンプライアンス・リスクおよびその低減・制御に向けて経営として考え、実施している事項」をあげている。金融庁は、2019年6月、こうした対話等の結果を「コンプライアンス・リスク管理に関する傾向と課題」（以下「傾向と課題」という）として取りまとめ（2020年7月に一部更新）[13]、経営陣の姿勢・主導的役割に関しては、上記の問題意識をふまえた取組事例として、主に以下をあげている。金融機関としては、こうした取組みも参考としながら、自らの規模・特性やビジネスモデル・経営戦略をふまえた実効的な態勢整備を行っていくことが考えられる。

① 経営トップと社外役員の企業不祥事の要因についての議論を全役職員が視聴できるよう社内に発信

② 過去の不祥事や教訓が役職員の入れ替わりとともに風化することのないよう、経営陣が中心となって継続的に注意喚起

③ 双方向のコミュニケーションによりコンプライアンス・リスク管理に資する企業文化の変革を達成すべく、経営陣と職員との意見交換を定期的に実施

④ コンプライアンス・リスクを軽減させるためには、経営理念を浸透させることで、役職員が自身の行動が経営理念に沿ったものかどうかを常に考えるようになることが重要であり、役職員皆で経営理念を見直し

⑤ 「行動指針」を具体化したものとして行動憲章を定め、法令・ルールに違反していないかのみならず、非倫理的ではないか等の基準を示し、ルールを守っていればよいという考えにはならないように努めている

(2) 企業文化

基本方針は、企業文化につき、「金融機関の役職員が共有する基本的な価値観・理念や行動規範」と定義し、「コンプライアンス・リスク管理に関する経営陣や中間管理者の姿勢及び内部統制の仕組み全体に通じる、いわば屋

13 https://www.fsa.go.jp/news/r2/dp/compliance_report_update.html

台骨をなすもの」としている。基本方針は、健全で風通しのよい企業文化が醸成されていればコンプライアンス・リスクの抑止につながるとしたうえ、以下の点が重要であると言及している。

経営陣は、経営方針をふまえた、あるべき価値観・理念や企業文化を明確にし、その醸成に努めることが重要である。

傾向と課題では、企業理念、社是（行是）、倫理基準、行動規範等は、目指す企業文化を醸成するための1つの手段にすぎず、そこで示された基本理念が役職員に共感・浸透し、日々の業務運営で実践されてはじめて意味をなすものであるとしている。そのうえで、役職員への浸透を促進する取組みとして、研修・意識調査等の例に言及している。

① ルールの趣旨や背景を理解させるとともに、役職員自身の頭で考えるという発想を定着させるべく、以下のようにコンプライアンス研修の内容を見直し
- 座学形式ではなく、コンプライアンスの観点からの判断に迷う事例を用いたディスカッション形式
- 従来型のコンプライアンス研修に加え誠実さの強化と高い倫理観の醸成を目的としたインテグリティ（Integrity）研修を実施

② コンプライアンスに焦点を当てた従業員の意識調査を実施し、調査結果から懸念事項・仮説を整理し、事実関係と照らしあわせ、課題が認められる場合には、経営陣が支店長等の中間管理者に直接指導を行う等、施策へ反映するとともに、その後の改善状況についても検証

③ 中堅・若手職員らで構成されるワーキンググループを組成し、そこで出された意見と経営陣の認識をすり合わせることで組織風土改革に取り組んでいる

④ 第1線と第2線の意識改革を進めなければ、真にお客様本位の業務運営はできないとの問題意識のもと、職員の納得感・理解感が得られるように、将来を担う若手・女性職員を中心に行動規範の刷新に取り組んでいる

(3)　外部の声の反映

基本方針は、「外に開かれたガバナンス態勢」として、経営陣が自らの姿勢を顧みることや、内部統制・企業文化を客観的に認識することは容易でなく、「社内の常識」と「世間の常識」が乖離することがあるとし、以下の視点を示している。

①　社外取締役を含む取締役会、監査役（会）、監査等委員会、監査委員会等を中心に、経営陣に対する牽制機能が働く適切なガバナンス態勢を構築し、これらの問題に関する気づきを得ることが重要となる。

②　経営陣自身の不正の防止・是正に関しても、第三者的立場にある社外取締役等による実効的な監督・牽制等の重要性が認識されている。

傾向と課題では、社外役員のほか、外部委員（アドバイザー）等の外部有識者、退職者、顧客等、多様な外部の声を反映する取組例が紹介されている。

①　社外役員の構成につき、自社のビジネスモデル・経営戦略、内外の環境等をふまえ、ニーズにあわせた見直しを実施

- 顧客等の価値観が多様化するなか、金融業にとどまらず広く経営の知見をもった人材が必要であるとして、他業態の経営トップを経験した人材を候補者とする
- 業務の拡大およびサイバーセキュリティ等の観点からITの分野を強化する必要があるとして、豊富な知見を有する専門家を候補者とする

②　社外役員に対し、コンプライアンス・リスクに関する情報を幅広く提供すべく、コンプライアンスに関する問題を議論する会議への参加を要請する、社外役員への案件説明に関する担当職員を配置する等、情報共有態勢を充実

③　社外役員の知見をより広く活用すべく、監査等委員会の役割を強化

- 監査等委員会の専業補助者を配置
- 内部監査部門を経営トップと監査等委員会双方の指揮命令下に配置
- 内部監査部門に対する経営トップと監査等委員会の指示が齟齬する場合

には監査等委員会の指示を尊重

- 内部監査部門長の人事異動については監査等委員会の意見を尊重

④　退職者の目線を活用すべく、退職者へのインタビューにより、経営陣の経営管理や企業文化等が退職の原因になっていないかを確認

⑤　外部の有識者の知見を活用すべく、コンプライアンス・リスク管理のあり方等を検討する会議への参加の要請、研修講師としての招へい、コンプライアンス・リスク管理態勢の外部評価・レビュー等を実施

⑥　「世間の常識」との乖離を防ぐため、「自分の家族や友人に取引金融機関として紹介したいと考えるか」を問いかける等、顧客へのヒアリングおよびその分析を実施

⑦　社外の独立した有識者によって構成される委員を過半数とする委員会を設置し、コンプライアンス上重要な事項や、経営管理等の実効性の検証および高度化等について審議し、取締役会に答申

⑧　外部委員を構成員に含めた経営諮問機関を設け、役員会ではフォローできない詳細な経営上のリスクについてアドバイスを求めている

(4)　リスクベース・アプローチ

基本方針では、従来の金融機関においては、法令や金融検査マニュアルのチェックリストを形式的かつ厳格に遵守するというルールベースの発想が強く、コンプライアンスについてもリスクベース・アプローチのリスク管理態勢を構築することが重要としている（図表２－４参照）。

基本方針は、リスクベース・アプローチに関し、以下の着眼点を示している。

①　費用対効果や、法令の背後にある趣旨等をふまえたうえで、自らのビジネスにおいて、利用者保護や市場の公正・透明に重大な影響を及ぼし、ひいては金融機関自身の信頼を毀損する可能性のある重大な経営上のリスクの発生を防止することに重点を置いて、リスク管理を考える必要がある。

②　単にリスクベースの発想をもつだけでなく、経営陣が主導して当該発想

図表２－４　リスクベース・アプローチ

ルールベースの発想

① 【形式】……リスクベースの発想が弱く、実効性・効率性を十分に考慮しないまま、過大な負担を生じる管理態勢が構築され、経営上の重要課題に十分な経営資源を割くことができない
② 【過去】……発生した問題事象への事後的な対応に集中しがちとなり、将来にいかなるリスクが生じうるかを考え、未然に防止するという視点が弱い
③ 【部分】……新たなリスクへの対応という視点が弱く、法令・制度が必ずしも十分に整備されていない新たな領域等からリスクが管理の対象から抜け落ちる

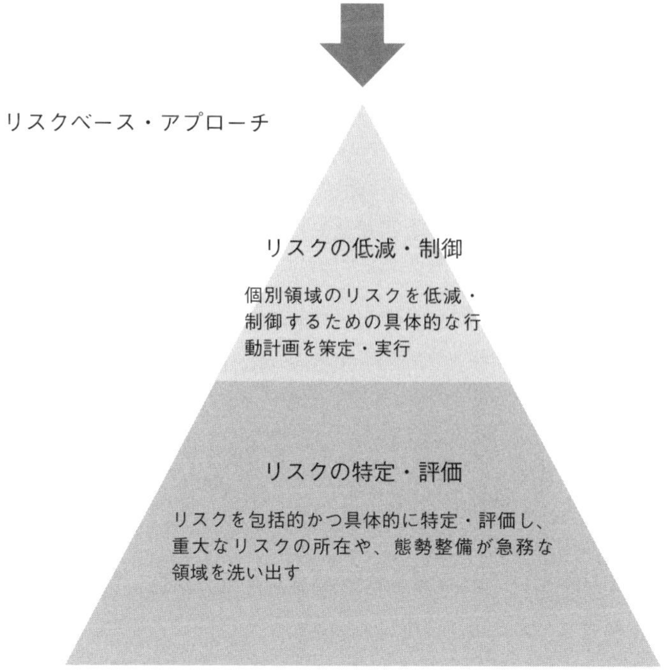

リスクベース・アプローチ

リスクの低減・制御

個別領域のリスクを低減・制御するための具体的な行動計画を策定・実行

リスクの特定・評価

リスクを包括的かつ具体的に特定・評価し、重大なリスクの所在や、態勢整備が急務な領域を洗い出す

（出所）　基本方針９頁、10頁を基に筆者作成。

に基づいたプロセスを実行に移すことが必要となる。

③　金融機関の規模・特性に応じた創意工夫により、適切な管理態勢を構築できるよう、プロセスの実質を向上させる努力を続けることが重要である。

④　リスクベース・アプローチの結果、不要・過剰な社内規程等の存在が明らかとなった場合には、当該規程等の改廃や金融機関の規模・特性に応じたメリハリのある対応等、および効率的な態勢を構築することも考えられる。

傾向と課題では、これらの着眼点をふまえた具体的な取組事例につき、いくつか紹介している。

①　コンダクト・リスクに関し、定量的なアプローチを実施すべく、Key Risk Indicator（KRI）を設定（不祥事件届出件数／社内規程の違反件数／指導者層の不適切行為の件数／懲罰事案の件数／内部告発件数／課徴金支払件数／研修の未受講者数／職員から聴取した自社の推奨度／職員向け意識調査やストレスチェックのスコア／労働時間／等）

②　リスクの高まっている領域を特定、「見える化」すべく、リスク・マトリックスやリスク・ヒートマップ（顕在化の可能性と顕在化した際の影響度等の観点から対応すべきリスクを図式化したもの）等を活用するとともに、定期的に見直しを実施

③　リスクの特定に際し、トップダウン（本部で実施する世間で何が起きているのかの分析）およびボトムアップ（現場で特定するリスク）の双方向からのアプローチを実施

④　リスクの高まりを示す社外のイベント（他業態を含む他社で発生した不適切事案等）を抽出し、自社および自社グループでの顕在化の可能性や顕在化した際の影響度を分析・評価し、対応方法等を検討

⑤　新たな業務提携先について、管理部門または内部監査部門による実地調査やチェックリストの充実等、対応を強化

⑥　職員の意見やルールの趣旨・存在意義等をあらためて見直し、顧客への影響が少なく、社内における事務手続の便宜等の理由から存在しているだけである等、過剰かつ役職員の負担となっていると評価したルールの廃止・変更を随時実施

⑦　コンプライアンス・リスクの内容の特定およびその低減・制御に向け、不祥事件の発生状況や、顧客からの苦情の状況等から特定されるコンプラ

イアンス・リスク、およびその低減策を記載したリスク評価書を作成

(5) 幅広いリスクの捕捉および把握

基本方針は、上記リスクベース・アプローチにおけるリスクの特定にあたって、重大なリスクを的確に捕捉・把握することが重要として、以下の着眼点を示している。

① リスクの特定は、金融機関の事業に関して適用される法令を洗い出し、その法令に対する違反が生じうる業務を特定することが出発点となる。

② 経営陣には、金融機関の事業が社会・経済全体に悪影響を及ぼすことにならないか、利用者保護等に反しないかといった、より本質的な観点からリスクを深く洞察する姿勢が求められる。

③ 利用者保護や市場の公正・透明に影響を及ぼし、金融機関の信頼を大きく毀損する可能性のある事象を洗い出すことが必要となる。

④ その際、生じた問題事象への事後対応のみに集中するのではなく、さまざまな環境変化を感度よくとらえ、潜在的な問題を前広に察知することで、将来の問題を未然に防止することも重要である。

傾向と課題では、上記の幅広いリスクの捕捉・把握の具体的取組例として、以下をあげる。

① コンプライアンスにつき、従来型の法令等遵守だけでなく、事業機会の減少、企業価値の低下、企業拡大の可能性の減少等が包含されていると整理し、ESGおよびSDGsの観点や、非人道的な業務に顧客が携わっていないかという観点等からの分析および業務運営を実施

② 職員に対するアンケートにおける「多忙すぎる」「上司の対応や態度が原因で相談しづらい」「目先の目標ばかり追っている」といった回答につきリスクの予兆を示すものとして対応を検討

③ 多くの顧客にアンケートを実施し、営業店における顧客対応の課題の洗出しを実施

④ SNSから新たなリスクが発生することがありえることから、SNSチェッ

クを必要に応じ実施

⑤ 過去に不祥事を起こした職員のプロファイリングから、不祥事を起こす可能性のある職員を見抜くためのチェック項目を設定し、一定以上の項目に該当する職員については、数カ月間注視

⑥ 監事監査において、営業店が過大な収益計画を立てていないかチェックする項目を設けたり、非常勤監事が営業店を訪問し、職員の不満等の聞き取りや、職場風土の状況等について確認するカルチャー監査を実施

第3節 金融機関に求められる実効的なコンプライアンス・リスク管理とは

これまで説明してきた「コンプライアンス・リスク」に関し、金融機関としてはどのように対応していく必要があるだろうか。

基本方針でも再三にわたって強調しているとおり、コンプライアンス・リスクはビジネスモデル・経営戦略と不可分一体であり、直面するリスクは各金融機関によって異なるものであるから、そのリスクに対応するコンプライアンス・リスク管理態勢も金融機関すべてに当てはまる一様なものではない。

また、コンプライアンスを単なる法令違反のみならず社会規範や社会的要請等をふまえて幅広くとらえていく必要性は、金融機関に限らず他の事業会社においても同様である[14]。上記第1節(1)でも触れたとおり、必ずしも明文の法令に形式的に抵触しない場合であっても、社会的批判や企業価値の毀損が生じる事案は、金融機関・事業会社双方において生じている。金融機関としては、単なる金融当局対応といった受動的な姿勢に終始することなく、自

14 日本取引所自主規制法人が2018年3月に公表した「上場会社における不祥事予防のプリンシプル」でも、「コンプライアンスは、明文の法令・ルールの遵守だけに限定されるものではなく、取引先・顧客・従業員などステークホルダーへの誠実な対応を含むと理解すべきである。さらに、広く社会規範を意識し、健全な常識やビジネス倫理に照らして誠実に行動することまで広がりを持っているものである」としている（原則1-2、https://www.jpx.co.jp/regulation/listing/preventive-principles/index.html）。

らのビジネスモデル・経営戦略等をふまえながら、経営上の問題として主体的かつ能動的に対応を講じていくことが重要となる。

以下では、第２節で説明した金融庁の公表内容もふまえながら、金融機関が「自分事」として実効的なコンプライアンス・リスク管理態勢を構築していくうえで参考となる事項をいくつか紹介していく。

(1) 現状把握・ギャップ分析

金融機関としては、第一に、自らが基本方針等で指摘されている「形式・部分・過去」の対応に陥ってしまっていないか、ビジネスモデル・経営戦略等をふまえた経営上の問題としてとらえることができているか等、現状を把握し、特にできていないと思われる課題を抽出していくことが考えられる。

現状把握やギャップ分析に際し、基本方針で掲げられている着眼点や、傾向と課題で紹介されている取組事例（第２節参照）等を参考としていくことは有用と考えられる。ただしこの場合も、基本方針等に記載されている事項に対する当局向け回答を表面的・形式的に用意するといった対応ではなく[15]、現状を把握し、課題を抽出する目的で客観的に分析をしていくことが重要となる。

金融機関が抱える主なギャップやこれに対して想定される対応としては、図表２－５が考えられる。もっとも、金融機関が認識するギャップは金融機関ごとに異なるし、これに対してとるべき対応も、金融機関の規模・特性等によっても異なることとなるため、この点留意が必要となる。

(2) アクションプランの策定・PDCA

客観的な現状把握・ギャップ分析によって抽出された課題については、リ

15 当局による検査・監督でも、基本方針や傾向と課題に記載されている個々の論点の形式的な適用や、チェックリストとしての使用はしないとされている（基本方針２頁、傾向と課題３頁参照）。

図表2－5　基本方針と現状との主なギャップ

「コンプライアンス・リスク管理は、まさに経営の根幹をなすもので 経営目線での対応が

	主なギャップ	想定される対応
1	ビジネスモデル・経営戦略をふまえた自社のコンプライアンス・リスクが、経営陣を含め全社的に認識されていない •「コンプラはコンプラ部門の問題」	■リスクの高まっている領域を特定・「見える化」すべく、リスク・マトリックスやリスク・ヒートマップ等を作成、定期的に見直し
2	リスクの高まりを示す社外のイベント（他業態を含む他社で発生した不適切事案等）に関する情報収集、自社のビジネスモデル・経営への影響の分析等がなされていない •「各部門が個別に情報収集」	■リスクの高まりを示す社外のイベントに関する情報収集、自社のビジネスモデル・経営への影響の分析等を実施
3	上記で認識された自社のコンプライアンス・リスクにつき、経営の問題として検討する枠組みがない（ガバナンスの不全） •「コンプラ部門のみで検討し、役員レベルでの検討・議論はない」	■コンプライアンスを役員レベルで議論する会議体（コンプライアンス委員会）の設置・改善
4	苦情・事務ミス・訴訟・ハラスメント・内部通報等、顕在化しつつあるリスクに対して、事案ごとの個別対応に終始し、総合的な真因分析等には至っていない •「苦情はお客様相談室、事務ミスは事務部、ハラスメントは人事部にて個別対応」 •「内部通報はそもそも実例がない」	■既存のチャネルであがってきている苦情・事務ミス・訴訟・ハラスメント・内部通報等から想定されるコンプライアンス・リスクを定性的に分析し、必要に応じ上記のリスクの「見える化」の枠組みに組み込み
5	経営トップを中心とする健全な企業文化を具体的に測定・把握する枠組みが存在しない •「職員には定期的に法改正等に関するコンプライアンス研修を実施している」	■行動規範の策定・見直し

（注）　上記は、基本方針を受けて新たに対応が求められると考えられる主な事項を掲げたれる。
• 3つの防衛線の機能拡充（特に、リスクオーナーとしての第1線の意識改革、経営
• 海外拠点を含むグループベースのコンプライアンス・リスク管理態勢の構築・充実
• 基本方針を意識したコンプライアンス研修の実施（内容の見直し、階層別研修等）
（出所）　筆者作成。

ある」との認識に基づき、ビジネスモデル・経営戦略をふまえた
なされているか？

その他、考えられる取組み
■詳細なリスク評価の枠組みの導入
■自社でも同種事案が生じていないか、アドホックの調査等の実施
■社外役員の機能発揮を含む、ガバナンス全般の改善・見直し ■業績評価・人事異動・表彰等を含む、人事・報酬制度の改善・見直し
■定量分析も含む、詳細な真因分析の枠組みの導入 ■既存のチャネルの運用改善、アンケート等の実施 ■職員のコミュニケーションの分析等、情報通信技術の導入 ■内部通報制度の認証取得
■既存のアンケートや満足度調査等を用いて、企業文化を測定・把握する枠組みの導入 ■リスクカルチャーサーベイの実施

「現状把握の結果、同基本方針にある「ビジネスモデル・経営戦略・企業文化とコンプライアンスは一体」「法令等の既存のルールの遵守にとどまらず幅広いリスクをとらえる必要」といった考え方に対する経営陣の認識・理解が不足していることが課題と認識」
(業界団体との意見交換会において金融庁が提起した主な論点(2019.11))

ものであり、ギャップ分析次第では、以下を含む他の施策を優先的に講ずることも考えら

陣への牽制機能を含む第3線の機能発揮)

スクの高い順から優先的に対応していくことが重要となる。アクションプランの策定にあたっても、形式的な法令対応に終始することなく、ビジネスモデル・経営戦略をふまえてリスクの所在や大小を考慮し、具体的な対処方法を金融機関ごとに検討していくことが重要となる。

ギャップによっては、経営上の問題にかかわる対応や、組織横断的な対応が求められることもある。そのため、アクションプランの策定や実行においても、経営陣の主体的・能動的関与が重要と考えられる。

アクションプランの策定・実行にあたっては、その目的を意識し、目的達成に資する施策を講じていくことが重要となる。たとえば、施策の1つとしてサーベイ・アンケートを実施・検討している金融機関もあると考えられるが、この場合も、企業文化の把握・分析（カルチャーの「見える化」）を目的とするのか、不正の「芽」として顕在化しつつある事象やその予兆（ミスコンダクト・リスク）を洗い出すことを主眼とするのか等、その趣旨・目的によって、質問や分析の手法も異なることがありうる点には留意が必要となる。

金融機関としては、上記で検討したアクションプランを、コンプライアンス・プログラムに組み込む等の方法により実行していくことが考えられる。この場合も、単にコンプライアンス・プログラムに事項を記載して終わりということではなく、アクションを内容・時間軸等含めて具体的に落とし込んでその進捗状況やアクションの実効性等を確認・評価するとともに、必要に応じてアクションプランを柔軟に変更する等、PDCAサイクルを有効に回していくことも重要と考えられる。

(3)　リスクベース・アプローチに基づく態勢整備

上記アクションプランの策定や実行等を含む実効的なコンプライアンス・リスク管理態勢の構築にあたっては、リスクの大小に見合った対策を適切に講じていくことが重要と考えられる。

基本方針では、幅広いリスクの捕捉および把握に関し、以下の方法を提示している（上記第2節(5)参照）。

⑺　金融機関の事業に関して適用される法令を洗い出し、その法令に対する違反が生じ得る業務を特定
⑴　利用者保護や市場の公正・透明に影響を及ぼし、金融機関の信頼を大きく毀損する可能性のある事象を洗い出す
⑼　生じた問題事象への事後対応のみに集中するのではなく、様々な環境変化を感度良く捉え、潜在的な問題を前広に察知

金融機関がリスクベース・アプローチに基づくコンプライアンス・リスク管理を実施するにあたっては、上記３つの区分を意識してリスクの特定・評価を実施していくことが有用と考えられる。

具体的には、⑺法規制によりすでにリスクが特定・顕在化している事象に対しては、適用される法規制を洗い出し、違反の発生可能性・影響度の有無や大小を特定・評価する方法が考えられる。

⑴具体的な法令違反や不祥事件等としては顕在化していないが、事務ミスや苦情等としてリスクが顕在化しつつある事象に対しては、事務ミス・苦情や、ハラスメント・内部通報等、複数のチャネルを通じてあがってくるコンプライアンス事象の「芽」につき、根本原因分析やチャネル横断的な分析等も組み合わせながら、必要な対策を未然に講じていく方法が考えられる。これらのチャネルを通じた案件が少ない等、チャネルの機能不全が想定される場合には、こうしたチャネルの運用改善に向けた施策を講じていくことも考えられる。

⑼リスクは顕在化していないが、潜在的にリスクが存在していると思われる事象に対しては、自社のビジネスモデル・経営戦略や、新たな商品・サービス等から生じるリスクを前広に察知したり、非金融の事業会社を含む他社の不祥事等を参考に、社会規範等から逸脱する潜在的なリスクを前広に捕捉する方法が考えられる。

いずれの事象についても、個別の事象につきその背景事情や根本原因を定性的に分析する手法のほか、幅広い事象のなかからリスクに見合った対策を

実効的かつ効率的に講じていくため、広範な事象を定量的に分析する手法を組み合わせて実施していくことが有用と考えられる。

傾向と課題に記載されている事例を、上記の枠組みに即して整理すると、図表２－６のとおりとなる[16]。

なお、上記３つの区分による整理は、上記第１節(3)で述べた、自らのステークホルダーの特定を通じた社会規範・社会的要請の適切な理解にも参考となると考えられる（図表２－７参照）。

(4) ガバナンス

基本方針は、「経営・ガバナンスに関する着眼点」として、経営陣の姿勢や内部統制、内部通報、社外役員の機能発揮等、広くガバナンス全般に関する事項にも言及している（図表２－８参照）。これらの着眼点については、従前の法令等遵守に関する対応として管理部門のみが実施するには限界があり、社外役員等外部の意見も反映しながら、経営陣が経営上の問題として対応を検討していく必要がある。

金融機関においては、コンプライアンス委員会等、コンプライアンスに関して検討する会議体を設けている例も多い。こうした会議体における議論に経営陣も積極的に参加する等、経営上の問題としてコンプライアンス・リスクを検討する場として位置づけることも考えられる。他方で、取締役会や経営会議と同一メンバーで開催し、議論も管理部門による短時間の報告が中心で単に取締役会・経営会議等の一議案にとどまるといった形式的な対応では、十分とはいえない。こうしたコンプライアンス委員会の形骸化を防止する取組みとして、社外役員や有識者をこうした会議体の委員として参加させ、「社内の常識」と「世間の常識」の乖離を防ぐために外部の視点から積極的な意見を求める方法も、基本方針が求める「外に開かれたガバナンス態勢」として有用と考えられる[17]。

16　リスクベース・アプローチに基づくコンプライアンス・リスク管理態勢については、今野雅司、前掲注３、30頁、31頁参照。

(5) 3つの防衛線

リスク管理一般において、会社の機能を事業部門・管理部門・内部監査部門に分類し、「3つの防衛線」(3線管理)の概念で整理することが行われている[18]。金融機関においては、これまでも監督指針や金融検査マニュアル等に基づき、コンプライアンスについてもなんらかのかたちで3線管理の枠組みを導入してきたものと思われる。

もっとも、これまでの金融機関におけるコンプライアンスに関する3線管理は、どちらかというと管理部門(第2線)によるルールベースの対応が中心であり、事業部門(第1線)によるコンプライアンス・リスク管理の必要性に関する認識が十分でなく、また内部監査部門(第3線)においてもルールベースの準拠性監査が中心であったように思われる。

事業部門(第1線)でリスクが顕在化した事象が大規模な不祥事に発展している実態や、リスクベースでの実効的なコンプライアンス・リスク管理態勢の構築の必要性等に鑑みると、基本方針の記載や傾向と課題の取組事例等を参考としながら、事業部門(第1線)・管理部門(第2線)・内部監査部門(第3線)[19]それぞれにおいて、あらためて現状を見直し、高度化を進めていく必要があると考えられる(図表2－9参照)。

---

17 傾向と課題15頁では、「コンプライアンス・リスクについて議論を行う各委員会にも、外部委員(アドバイザー)を入れる等、「社内の常識」と「世間の常識」の乖離を防ぐための一定の態勢を整備している金融機関も存在した」とされている。

18 経済産業省「グループ・ガバナンス・システムに関する実務指針(グループガイドライン)」(2019年6月28日策定、https://www.meti.go.jp/press/2019/06/20190628003/20190628003_01.pdf)においても、「3線ディフェンスの重要性」として、「内部統制システムの構築・運用のため、第1線(事業部門)、第2線(管理部門)、第3線(内部監査部門)から成る「3線ディフェンス」の導入と適切な運用の在り方が検討されるべきである」とされている。

19 なお、金融機関の内部監査の高度化に関し、「第一段階(Ver1.0):事務不備監査」「第二段階(Ver2.0):リスクベース監査」「第三段階(Ver3.0):経営監査」「第四段階(Ver4.0):信頼されるアドバイザー」を示すものとして、金融庁「金融機関の内部監査の高度化に向けた現状と課題」(2019年6月、https://www.fsa.go.jp/news/30/naibu-kannsa_report5.pdf)参照。

図表２－６　コンプライアンス・リスクの特定・評価に係る取組み事例

		定性分析
管理すべきリスクを前広・未然に把握	㈠　リスクが顕在化している事象	
	㈡　リスクが顕在化しつつある事象	■ボトムアップ（現場で特定するリスク）でリスクを特定 ■職員に対するアンケートにつき、リスクの予兆を示すものとして対応を検討 ▶「多忙すぎる」「上司の対応や態度が原因で相談しづらい」「目先の目標ばかり追っている」 ■多くの顧客にアンケートを実施し、営業店における顧客対応の課題の洗出しを実施 ■SNSチェックを必要に応じ実施
	㈢　潜在的なリスクが存在している事象	■リスクの高まりを示す社外のイベント（他業態を含む他社で発生した不適切事案等）を抽出し、自社および自社グループでの顕在化の可能性や顕在化した際の影響度を分析・評価し、対応方法等を検討 - - - - - - - - - - ■トップダウン（本部で実施する世間で何が起きているのかの分析）でリスクを特定 ■これまで接点の少なかった業種を含む新たな業務提携先について、管理部門または内部監査部門による実地調査やチェックリストの充実 ■ESGおよびSDGsの観点や、非人道的な業務に顧客が携わっていないかという観点等からの分析

（出所）　傾向と課題29～34頁を基に筆者作成。

	定量分析
■リスクの高まっている領域を特定・「見える化」すべく、リスク・マトリックスやリスク・ヒートマップ（顕在化の可能性と顕在化した際の影響度等の観点から対応すべきリスクを図式化）等を活用するとともに、定期的に見直しを実施 ■コンプライアンス・リスクの内容の特定およびその低減・制御に向け、不祥事件の発生状況や、顧客からの苦情の状況等から特定されるコンプライアンス・リスク、およびその低減策を記載したリスク評価書を作成	■定量的なアプローチを実施すべく、以下のKRIにつき、警戒基準を設定 ▶不祥事件届出件数／社内規程の違反件数／指導者層の不適切行為の件数／懲罰事案の件数／内部告発件数／課徴金支払件数／研修の未受講者数／職員から聴取した自社の推奨度／職員向け意識調査やストレスチェックのスコア／労働時間等

図表２－７　ステークホルダーと社会規範・社会的要請との関係の整理（例）

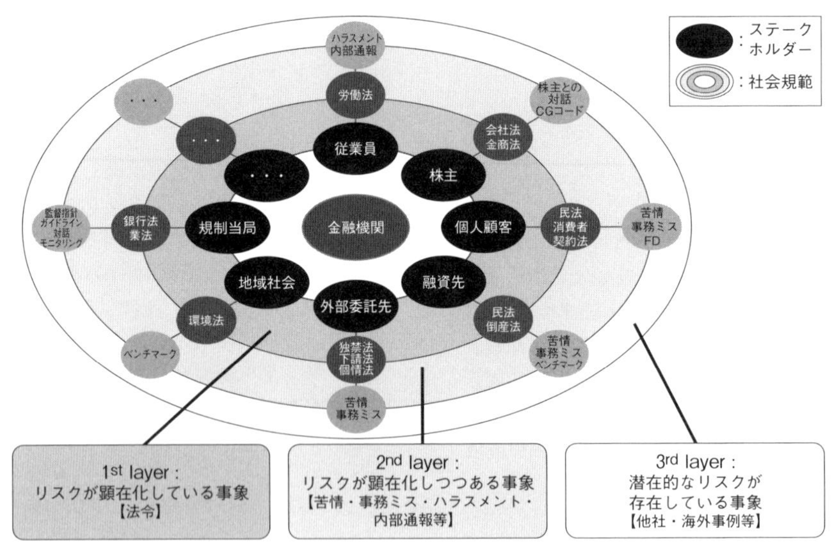

（出所）　筆者作成。

図表２－８　企業文化・ガバナンス

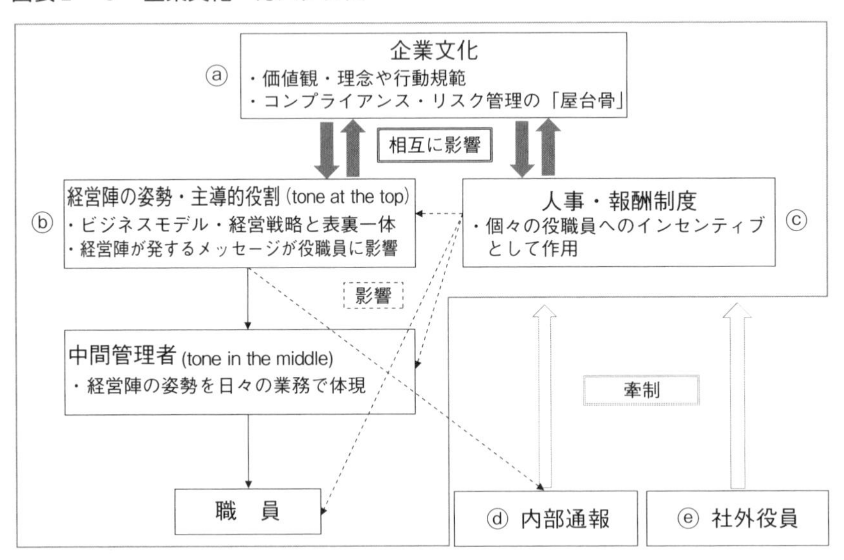

（出所）　基本方針４～６頁を基に筆者作成。

図表2－9　3つの防衛線（3線管理）

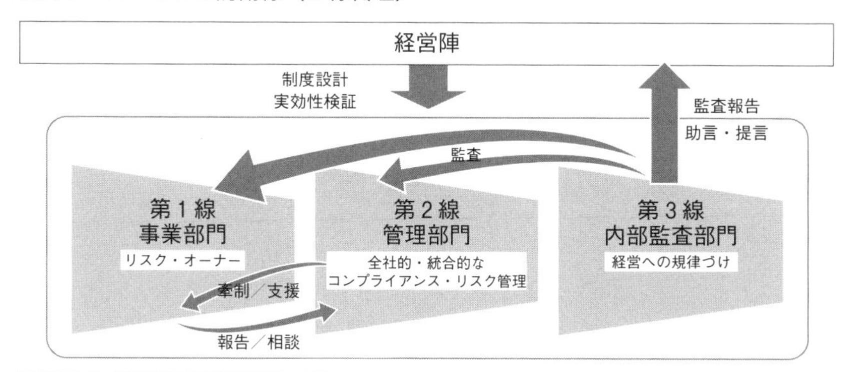

	事業部門（第1線）	管理部門（第2線）	内部監査部門（第3線）
リスクベースでの対応	•リスク・統制を自己評価する仕組み（リスク・コントロール・セルフ・アセスメント（RCSA）） •事業部門内部に牽制のための部門を設置（第1.5の防衛線）	•事業部門の自己評価（RCSA）とは別に、管理部門もリスク評価を実施（コンプライアンス・リスク・アセスメント（CRA））	•準拠性検証から、テーマ監査・本部監査重視へ •経営への規律づけのため、監査テーマ設定に関し外部有識者の意見等を聴取
部門間の連携	•中期経営計画策定や、新商品・サービスの開発過程で、事業部門・管理部門・経営陣で認識共有 •コンプライアンスに関する管理部門からの情報発信には事業部門と連携		

（出所）　基本方針、傾向と課題を基に筆者作成。

第 3 章

コンダクト・リスク

コンダクト・リスク管理の重要性が拡大している。金融機関のミスコンダクト事案は、グローバル経済危機やLIBOR不正操作の発生後10年を経てもなお続き、市場の話題となり続けている。たとえば本邦では大手事業会社の会計不正や品質データ不正、大手金融機関の不適切な金融商品販売、大手金融機関の内部情報漏洩、などが報告されている。セクシャルハラスメント、パワーハラスメント、さらにマネーローンダリング、環境破壊や温暖化につながる投資など、金融業務以外の分野もコンダクト・リスクの領域である。加えて昨今では、仮想通貨やAI活用などテクノロジーの発達がコンダクト・リスクの増大要因となっている（図表3－1参照）。

コンダクト・リスクの特徴は、これが顕在化したときの金融機関への財務や企業価値への悪影響が大きいこと、他の非財務リスク同様定量的リスク計測が困難であること、さらにコンダクト・リスクが顕在化した場合に、社会や経済に与える影響がきわめて大きいことである。本章では、かかる広いリスク領域であるコンダクト・リスクの考え方と管理手法をみていく。

図表3－1　最近の企業ミスコンダクト事例

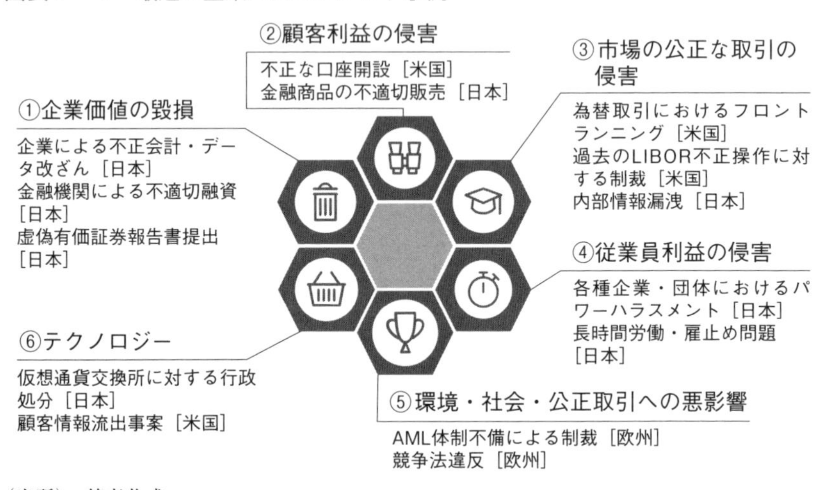

（出所）筆者作成。

第1節　コンダクト・リスクとは

(1)　コンダクト・リスク管理の重要性

コンダクト・リスクの定義の前に、コンダクト・リスク管理がその重要性を増している理由をみてみる。理由の１つは、コンダクト・リスクは顕在化した際の経済や社会への影響がきわめて大きいことである。コンダクト・リスクの概念の発生は、2012年に英国の金融行為監督機構（FCA）設立時にさかのぼる。背景として、2008年からのグローバル金融危機の根源となった金融機関による証券化商品販売姿勢、そして、大手金融機関によるLIBOR不正操作問題があった。これらの事案が金融市場に与えた影響、および金融機関のリスク管理態勢強化に与えた影響がきわめて大きいことはいうまでもない。金融機関経営者による自社のコンダクト・リスクに対する関心が昨今急激に高まっているのもかかる背景によるものである。

次に、コンダクト・リスクは、他の伝統的な財務リスク（マーケットリスク、信用リスク等）に比べてリスクの定量化が困難なことである。財務リスクは主に金融機関における最大予想損失額を尺度として計測されている。経営にとっては、マーケットリスクにおける最大損失額の概数を念頭に置いたリスクテイクの経営判断が可能である。しかしながらコンダクト・リスクは、これが顕在化した際の金融機関の損失が事前に見積もりにくく、したがって現在のコンダクト・リスクの規模も把握しづらいという特徴がある。

また、金融機関のリスク管理の対象が、銀行の内部損失から顧客や市場などステークホルダーの利益に拡大していることがある。金融機関の社会的使命に照らして、金融機関はその内部損失の管理のみならず、顧客や市場などの外部の関係者のリスクも適切に管理すべきとの考え方が現状では主流である。金融庁の「顧客本位の業務運営に関する原則」はそうした考え方を反映した原則の例である。従来の金融機関のリスク管理手法は、バリュー・アット・リスクなど金融機関の内部損失を定量化する手法を中心に高度化されてきた。しかしいまや金融機関のリスク管理の対象は、顧客の不利益や公正な市場取引等、金融機関外部のステークホルダーの不利益に広がり、これらを適切にリスク管理に組み込む必要がある。

さらに、金融機関のコンダクトに対する外部ステークホルダーの目線は日々変化し高まっている。過去には市場慣行として普通に行われていた取引が顧客保護の観点から認められなくなった事例は多い。外国為替市場では過去、国際標準の行為規範は存在しなかったが、2018年に「グローバル外為行動規範」が制定され、取引執行や情報共有など外国為替取引の詳細にわたる規範が定められた。金融商品販売における説明責任の強化、環境問題に関する社会の目線の高まりもステークホルダーの期待の変化に該当する。また、法令や規範に即した行為であってもコンダクトの観点からはこれが不適切とみなされるケースがあることも重要である。従来型のリスク管理においては「コンプライアンス」を「法令等遵守」と訳するのが一般的であった。「法令等遵守」の語は、すでに確立した法令や規範などを遵守することがコンプライアンスであるとの考え方が暗に反映された用語である。しかしながら、コンダクト・リスク管理においては、ルールや規範が存在しないところにおいても「正しい行為」を自ら判断して実行することが求められる。金融機関はコンダクト・リスク管理において、常にステークホルダーの期待の変化を念頭に、コンダクト・リスクの許容度の水準を適切に調整する必要がある。

最後に、テクノロジーの発達も、コンダクト・リスク管理の高度化が重要になる背景である。AIを活用した審査や投資アドバイス、仮想通貨の発行取扱い等、新たなテクノロジーを活用した金融商品販売等のビジネスは、従来の金融商品になかった新たなリスクをはらんでいる。テクノロジーを活用した金融ビジネスにあたっては、顧客保護の観点から従前の金融商品以上に精緻なリスク管理が必要になる。仮想通貨の流出などの事例は、単に情報セキュリティの問題のみならず、顧客保護の観点からのコンダクト・リスク管理の欠如の帰結であるということができる。

以上から、金融機関においては、コンダクト・リスク管理手法の確立と管理運用、およびその定例的な見直しが重要な課題といえる。

(2) コンダクト・リスクの定義とスコープ

本書では、コンダクト・リスクを「当社や役職員による、株主・顧客・市場・環境・社会・従業員等に悪影響を与える行為により、これらのステークホルダーの利益を侵害し、または当社の企業価値を毀損するリスク」と定義する。この定義に反映されるコンダクト・リスクの構成要素は以下である。すなわち、まずコンダクト・リスクは「行為」から発生するリスクであること。次にその行為の主体は法人としての「会社」または個人としての「役職員」の双方を含むものであること。またコンダクト・リスクは、株主や顧客などの「ステークホルダー」の利益を侵害するリスクを含むこと。さらに、こうしたステークホルダーへの悪影響が最終的に会社の企業価値を毀損することも含むリスクであることである。

コンダクト・リスクのスコープは広範囲である。金融商品の不正な販売など顧客の利益を侵害する行為はもとより、LIBOR不正操作など公正な市場取引の侵害、長時間労働やハラスメント等従業員利益の侵害、また粉飾決算やデータ改ざんなど（株主価値の侵害といえる）もコンダクト・リスク管理のスコープである。かかる領域は、各金融機関において従来は必ずしもリスク管理部署における統合的リスク管理に組み込まれず、人事部署、コンプライアンス部署、経営企画部署などの所管部に管理が分散していたと思われる。

一方で、いまや金融機関はこうした種々のリスクを「コンダクト・リスク」というカテゴリーのもとに管理する必要がある。海外では、金融機関の不祥事に対する当局調査において、まず「コンダクト・リスク管理」の体系と規定等の提出を求められるケースがある。また、コンダクト・リスク事案は、その領域が異なっていても、根本原因（root cause）を同じくするケースがしばしばみられる。たとえば、金融機関のガバナンスや管理態勢、過度な営業目標、リスクカルチャーの浸透などは、複数の金融機関のミスコンダクト事案の調査報告書にみられる（図表3－2参照）。

コンダクト・リスクは、従来の「オペレーショナルリスク」や「コンプライアンス」の概念とも一部重複する「複合的リスク」である。上記の定義に

図表３－２　ミスコンダクト事案調査報告書にみられる真因例

ケースA	ケースB
■管理態勢 ▶情報が経営層に届いていなかった ▶新商品の審査が不十分 ▶信用リスクや顧客保護の観点での融資審査が不十分 ■過度な営業目標 ▶厳しい営業ノルマ ▶書類審査等の形式主義 ■リスクカルチャー ▶コンプライアンス意識の欠如 ▶人事評価制度の欠陥 ■ガバナンス ▶取締役会の責務実行が不十分	■ガバナンス ▶取締役会とリスク管理・監査・報酬・指名各委員会の機能発揮が不十分（感度と緊急度の欠如） ▶経営会議内の牽制が不十分 ▶オペリスク、非財務リスクに関する経営レベルの統合的管理が不十分 ▶「３つの防衛線」の機能が不十分 ■説明責任 ▶報酬制度へのリスク管理要素の反映と適切な運用が不十分 ■リスクカルチャー ▶リスクカルチャーの浸透は途上

（出所）　各種公表資料より有限責任監査法人トーマツ作成。

照らせば、コンダクト・リスクは必ずしもオペレーショナルリスクやコンプライアンスでは捕捉できない領域を含んでいる。バーゼル規制上の「オペレーショナルリスク」は、金融機関に発生する内部損失額データをもとにリスクを定量化している。顧客に対する不利益はここでは内部損失とはみなされずオペレーショナルリスクの管理対象から除外される。コンプライアンス（狭義の「法令等遵守」）においては、既存の法令や規範を遵守することが目的で、法令や規範が存在しなくともステークホルダーの利益を侵害するリスク、というコンダクト・リスクの全容はとらえきれていない。コンダクト・リスクがオペレーショナルリスクとコンプライアンスの狭間に落ちないように、コンダクト・リスクを１つのリスクカテゴリーとして定義することが、網羅的なリスク管理には重要である。

コンダクト・リスクは、他の従来型のリスクカテゴリーと同様に、リスクアペタイト・フレームワークのなかに組み込むことが必要である。ミスコンダクト事案は、リスクカルチャーや事業戦略等、金融機関の経営そのものに根本原因をもつものが多い。特に、新たな事業戦略の策定、新商品の開発販売においては、これらに伴い発生するコンダクト・リスクを適切に評価する必要がある。また経営判断において、自社のコンダクト・リスク状況を統合的に把握することは他カテゴリーのリスク把握同様に重要である。コンダクト・リスクのリスクアペタイト・フレームワークへの組込みは具体的には次のプロセスによる。まず経営計画策定時に、経営理念・リスクカルチャー・事業戦略に基づき、定義されたコンダクト・リスクにリスクアペタイトとしてKey Risk Indicator（KRI）を設定する。次に、期中の実績モニタリングとして、リスク管理部署はKRIに対するリスクの顕在化実績を定例的に金融機関内のリスク管理委員会等に報告する。リスクの実績がアペタイトを超過した際には、事業戦略の見直し、または、アペタイトの見直しを実施する（図表３－３参照）。

広範囲なコンダクト・リスクの領域を適切に分類して管理するには、コンダクト・リスクのなかに、利益侵害の対象となる「ステークホルダー」ごとのサブカテゴリーを設けることが有効である。各ステークホルダーとそれぞれに対応するミスコンダクト事案に基づくサブカテゴリーの設定にはたとえば以下の例が考えられる。

① 株主・企業価値の毀損リスク……株主利益や企業価値は広い概念であるが、不正会計など投資家の判断を誤らせるミスコンダクト事案、また製造業における品質データの改ざんなど広く当該企業のレピュテーション等に影響する事案など、株価や企業業績等の価値を毀損する行為がここに含まれる。

② 顧客利益の侵害リスク……顧客利益の侵害は、ミスコンダクト事案のなかでも特に重要な分野である。顧客の経済的利益を侵害しうる高リスク商品の不適切販売、また顧客情報の漏洩などがここに含まれる。

③ 市場の公正な取引の侵害リスク……LIBOR不正操作にみられたような

図表３－３　リスクアペタイト・フレームワークの運営

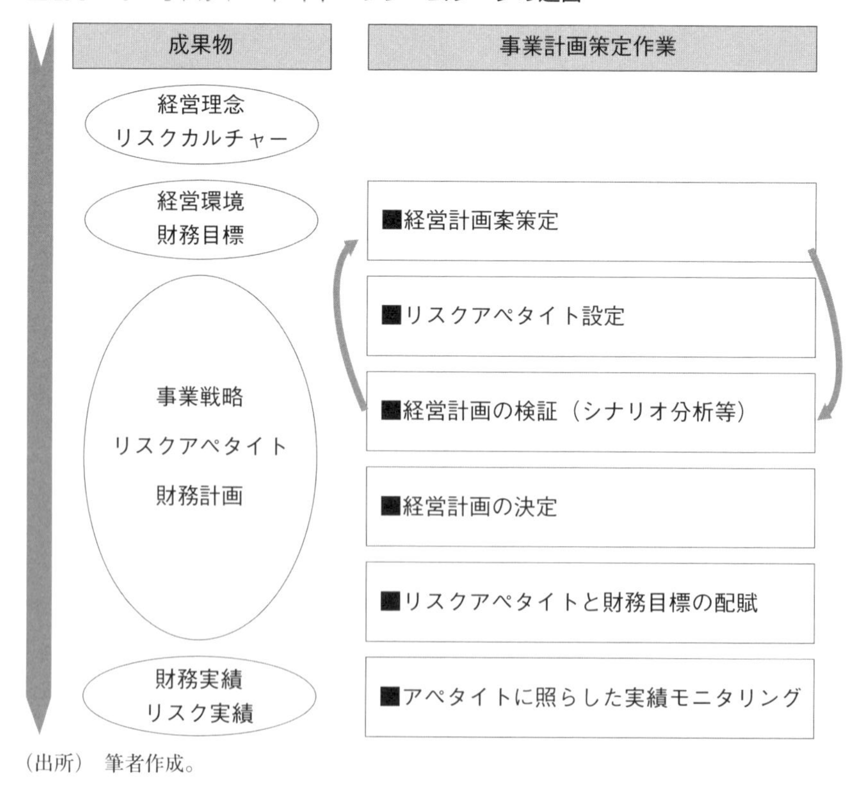

（出所）　筆者作成。

公正な市場取引の侵害、また先物取引における「見せ玉」などの市場価格操作により投資家や業者間取引など広く市場参加者の利益を侵害する行為がここに含まれる。

④　従業員利益の侵害リスク……従業員も企業のステークホルダーである。長時間労働や、セクハラ、パワハラなど、従業員の利益を侵害する行為がここに含まれる。

⑤　環境・社会・公正取引の侵害リスク……環境・社会・公正取引の侵害に当たる行為として、環境に悪影響を与えるセクターへの投資、マネーロンダリング違反、反社会勢力との取引などがここに含まれる。

このようにコンダクト・リスクの定義とスコープを定めたうえで、各金融機関はコンダクト・リスク管理の態勢整備と実施を行うことが求められる。

(3) コンダクト・リスクに係る規制当局の動向

各国の金融規制当局も、グローバル金融危機やLIBOR不正操作等の金融業界の大きなミスコンダクト事案以降、金融機関のコンダクト・リスクへの監督姿勢を強めている。従来のバーゼル規制遵守や法令等遵守が、金融機関にとっての「規制上のライセンス（Regulatory License）」取得のための必要条件であったとすれば、現在金融機関は顧客や社会に対する使命を全うする「社会的ライセンス（Social License）」の取得が求められているといえよう。従来の規制（regulation）から監督（supervision）へと金融監督強化の重点はシフトしつつあり、監督の対象として「社会的ライセンス」への当局の関心は高まっている。

コンダクト・リスクの概念の発祥は、2012年に英国で設立された金融行為監督機構（FCA）が、コンダクト・リスクという概念を初めて提起したときにさかのぼる。英国FCAは「（顧客の）公正で合理的な期待に応えることは、金融機関の行動の中心に位置する」[1]として、利益追求よりも顧客の期待に応えることが金融機関の本質的な使命であることを明確にした。FCAは監督文書である「コンダクト・リスク・プログラム」においてコンダクト・リスク監督の詳細を公表している。そのなかでFCAは「コンダクトに関する5つの質問」を設定し、金融機関のコンダクトに対する基本的な指針を与えている[2]（図表3－4参照）。

国際金融監督の観点からは、2015年に金融安定理事会（FSB）のカーニー議長（当時）がG20宛てに発出したレター[3]のなかで、「ミスコンダクト・リスク削減のための国際的な監督当局によるワークプランを策定・実施するこ

1 Financial Conduct Authority, Journey to the FCA, October 2012
2 Financial Conduct Authority, 5 Conduct Questions Programme, 2017
3 Financial Stability Board, FSB Chair's Letter to G20 on Financial Reforms—Finishing the Post-Crisis Agenda and Moving Forward, 10 February 2015

図表３－４　FCA「コンダクトにかかる５つの質問」

	５つの質問（要旨）
①	金融機関は、事業がはらむコンダクト・リスク特定のためにいかなる能動的ステップを踏んでいるか？
②	金融機関は、フロント・ミドル・バックオフィス、コントロールおよびサポート機能で働く個人に、業務におけるコンダクト・リスク管理に責任を感じ責任をもつことを、いかなる方法で促しているか？
③	金融機関は、従業員が業務におけるコンダクトを改善するためにいかなる支援をしているか？
④	取締役会と経営会議は、事業のコンダクトをいかに監督しているか、また戦略的決定においてコンダクトの要素をいかに勘案しているか？
⑤	金融機関は、コンダクトを改善する戦略を阻害するような自社内の活動の有無の評価をしたか？

（出所）　FCA「コンダクト・リスク・プログラム」より筆者作成。

と」を表明した。その後FSBは各国当局によるミスコンダクト削減のための監督の進捗状況を報告書として定期的にリリースしている。

本邦では、金融庁が2017年に「顧客本位の業務運営に関する原則」を公表した。本原則を採択した金融機関は、顧客本位の業務運営に関する取組方針、KPI、取組成果を公表している。また金融庁は2018年「コンプライアンス・リスク管理に関する検査・監督の考え方と進め方（コンプライアンス・リスク管理基本方針）」、翌年には「コンプライアンス・リスク管理に関する傾向と課題」を公表した。金融庁はここで、コンダクト・リスクを含む広義のコンプライアンス・リスクに係る基本的な考え方と金融機関の取組事例および評価を実施している（第２章参照）。

最近では、豪州におけるコンダクト・リスクに関する政府調査が大きな話題となった。豪州政府は2017年に王立委員会を設立、豪州の４大銀行を中心に金融機関のこれまでのミスコンダクトを２年にわたり悉皆調査した。同委員会が2019年に発表した最終報告書[4]のなかで、同委員会委員長は、銀行業、金融アドバイス、退職年金、保険、企業文化・ガバナンス・報酬、規制機関等に関する76の勧告を提示した。同勧告には以下の内容が含まれている。

- 住宅ローン仲介業者への手数料の負担主体の見直し
- 顧客へのアドバイス提供なく手数料を徴収する制度の禁止（顧客の同意に基づく手数料の年次更新を導入）
- 金融アドバイザーに対する懲戒制度の創設
- 年金・保険商品の押売りの禁止
- FSBの原則・基準・ガイダンス等にのっとった報酬制度の導入
- ミスコンダクト・リスクを抑制する企業文化の醸成に焦点を当てた監督プログラムの構築
- 豪州健全性規制庁（APRA）・豪州証券投資委員会（ASIC）を評価する独立の監督機関の創設

またAPRAは、王立委員会報告書を受け、36の金融機関に対して非財務リスク管理に係る自己評価を要請、報告書「ガバナンス、カルチャー、説明責任についての自己評価」を公表した[5]。

豪州王立委員会のコンダクト・リスク調査の特徴は、豪州の４大銀行の過去のミスコンダクト事案に対しきわめて包括的で詳細な調査が行われたこと、また同委員会の勧告内容が、APRAとASICを双璧とする豪州の金融監督体制そのものに踏み込んでいることである。勧告の内容は、豪州固有の金融サービス等に係る論点も多いが、コンダクトに関する委員会の考え方が明瞭に表明されており興味深い。たとえば、顧客の死亡後も引き続きアドバイス手数料を口座から銀行が引き落としていた事案につき、これを単なる事務ミスではなく、顧客に対するコンダクトの問題としてとらえている等である。

監督当局はコンダクト・リスクにつき、形式的な管理整備やルール遵守ではなく、実態的な顧客等の利益侵害の有無を問うている。金融機関として

4　Royal Commission, Final Report, Royal Commission into Misconduct in the Banking, Superannuation and Financial Services Industry, February 2019

5　APRA, Report on industry self-assessments into governance, culture and accountability, May 2019

も、態勢や社内ルールの整備のみならず、実効的にステークホルダーの利益にかなうコンダクト・リスク管理を実施するべきであろう。

第2節　コンダクト・リスク管理

(1)　コンダクト・リスク管理の態勢整備

各金融機関でコンダクト・リスク管理を実施するには、コンダクト・リスク管理態勢の整備と、個別規制および事案対応との２つの段階が必要である(図表３－５参照)。まず、態勢整備について以下に述べる。

a　定義と所管の決定

態勢整備の第１として、コンダクト・リスクを社内のリスク管理規則のなかで定義し、リスクの所管部署を定めることが必要である。コンダクト・リスクを、リスク管理の対象リスクカテゴリーの１つとして明確に位置づけることが実効的なコンダクト・リスク管理の第一歩である。コンダクト・リスクの定義例は第１節(2)に示したとおりである。コンダクト・リスクの概念は

図表３－５　コンダクト・リスク管理高度化プロセス

コンダクト・リスク

【態勢整備】
■コンダクト・リスクの定義と所管とリスク管理への組込み
■コンダクト・リスク管理枠組みの整備（規則、報酬、通報制度等）
■コンダクト・リスク管理手法の整備（コンダクト・リスク事象選定、アペタイト設定など）
■リスクカルチャー、行動規範の明確化、リスクカルチャー浸透策と評価

【個別規制・事案対応】
■個別コンダクト規制等への対応（市場コンダクト、顧客本位の業務運営、労務問題など）
■個別ミスコンダクト事案への対応

(出所)　筆者作成。

従来型のマーケットリスクや信用リスクのように、当局の定める明示的な定義が存在しない。各社でコンダクト・リスクを定義することは、管理のスコープを明確化し、他のリスクカテゴリーとの関係を明確化するためにも重要である。

コンダクト・リスクの定義と同時に、これを社内のリスクカテゴリー体系のなかに位置づける必要がある。コンダクト・リスクをリスクカテゴリー体系に位置づける方法として、①オペレーショナルリスクのサブカテゴリーとする方法、②コンプライアンス・リスクのサブカテゴリーとする方法、③これらと独立なカテゴリーとする方法が考えられる。第1節で述べたとおり、コンダクト・リスクは複合的なリスクであり、オペレーショナルリスクやコンプライアンス・リスクの双方と重複する。各社内のカテゴリー上の位置づけは、各社のリスクプロファイルや、以下に述べる組織体制に応じて決定されるべきである（コンダクト・リスクに係る金融庁の考え方については第2章を参照）。従来型の財務リスクとは異なる非財務リスク管理の重要性に鑑みれば、コンダクト・リスクを独立のリスクカテゴリーとして位置づけることが、実効的なリスク管理のためには有効であろう。

次にコンダクト・リスク管理の所管部署を定める。コンダクト・リスクの所管部署は、上記のリスクカテゴリー上の位置づけに応じ、リスク管理部署が所管する方法とコンプライアンス部署が所管する方法、また両部署の共管とする方法が考えられる。コンダクト・リスクには、内部損失を発生させずかつ既存の法令や規範を遵守していてもなおステークホルダーの利益を侵害するリスクが含まれる。かかるリスクをいずれの部署に担わせるかは、各社の組織体制や分掌の考え方に依存する。ただし、非財務リスクを統合的なリスク管理プロセスに位置づけることの重要性からは、非財務リスクと財務リスクを統合的に管理する部署が存在するのが望ましいといえよう。

b　枠組み整備

態勢整備の第2として、コンダクト・リスク管理の枠組みを整備する。枠組み整備の作業には、コンダクト・リスク管理の定義および所管部署とその管理プロセスを社内のリスク管理規則に明記すること、コンダクト・リスクを制御する社内制度（通報制度、報酬制度など）を整備することが含まれる。リスク管理規則の整備は、まずハイレベルな事項、すなわち定義・所管のほか、コンダクト・リスクの認識、評価、制御、監視に関する事項、経営宛報告に関する事項、および関連部署の役割等を最上位の規則で定義する。

コンダクト・リスクを制御する社内制度として当局が重視しているものは、通報制度、報酬制度等である。こうした社内制度は、リスク管理部署とは異なる部署が所管しているケースが多い（通報制度はコンプライアンス部署、報酬制度は人事部署など）。コンダクト・リスクを実効的に管理するには、かかる関係部署との連携が不可欠である。コンダクト・リスク管理部署は、関連部署に対し、コンダクト・リスク管理制御枠組みの整備を要請しモニタリングする役割を社内規則上分掌されているのが望ましい。

c　管理手法の整備：認識・評価・監視・制御

第３に具体的なコンダクト・リスク管理手法を決定する。リスク管理手法とは、リスクの認識、評価、監視、制御のプロセスを具体化したものである。コンダクト・リスクの認識とは、社内および外部のミスコンダクト事象、および金融規制等の情報収集とデータ整備により、各社の事業がはらむコンダクト・リスクを特定することである。コンダクト・リスクの特定には、第１節で示したステークホルダー別にリスク事象に重要度をつけてリスクマップのかたちにする方法が考えられる。たとえば、コンダクト・リスク事象をステークホルダー別、国・地域別にマッピングした「コンダクト・リスク・ヒートマップ」を作成して、一覧化することも有益な方法である（図表３－６参照）。

コンダクト・リスクの認識（特定）には以下の２つのアプローチが考えられる。１つは、内外のミスコンダクト事案の原因を分析して、その原因に対する対処が現状のリスク管理でカバーされているかを検証し、仮にカバーされていない場合はそのコンダクト・リスク事象を自社の重要コンダクト・リスク事象と認識する方法である。評価の指標としては、ミスコンダクト事案の件数、ミスコンダクト発生の真因となる事象の件数等を用いる。もう１つは、現状の社内のコンダクト・リスク管理プロセスの十分性を検証し、十分

図表3－6　コンダクト・リスク・ヒートマップ

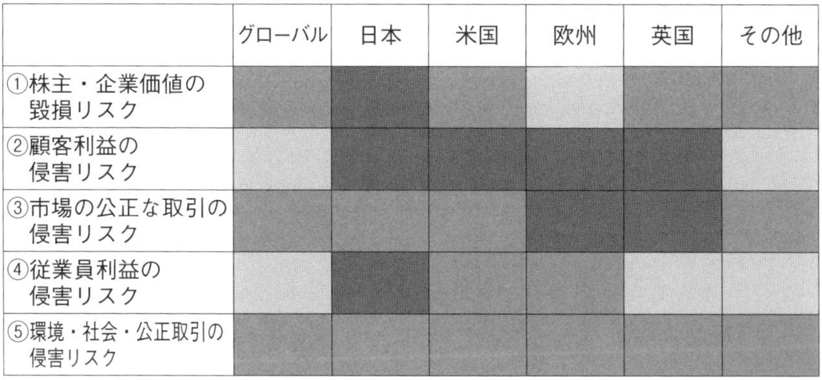

	グローバル	日本	米国	欧州	英国	その他
①株主・企業価値の毀損リスク						
②顧客利益の侵害リスク						
③市場の公正な取引の侵害リスク						
④従業員利益の侵害リスク						
⑤環境・社会・公正取引の侵害リスク						

でないと検証されたプロセスに係るコンダクト・リスク事象を重要コンダクト事象と認定する方法である。これは、将来起こりうるコンダクト・リスク事案を予防的に管理するアプローチである。このアプローチ実施のためには、自社のリスク管理・コンプライアンス手続のなかからコンダクト・リスクに係るものを抽出すること、また外部のステークホルダーの期待およびその将来の変化をフォワードルッキングに予測することが必要になる。

コンダクト・リスク管理をリスクアペタイト・フレームワークのなかに位置づける観点からは、検証の対象には、経営計画に基づく個別の事業戦略や新商品開発販売なども含まれるべきである。特に、デジタライゼーションによる新技術を用いたビジネスモデル（AIによる投資アドバイス、仮想通貨等による決済等）は、既存ビジネスにない新たなコンダクト・リスクをはらんでいる。AIによる融資審査のバイアスが一部の顧客セグメントに不利な結果をもたらす例、仮想通貨の流出等はこうしたコンダクト・リスクの顕在化の例である。

コンダクト・リスクの評価（計測）は大きな課題である。コンダクト・リスクを経済的損失額で計測する手法としては、ミスコンダクトに起因する損害賠償や訴訟費用等を、前提となるシナリオに基づいて推計する方法がある。たとえば英国イングランド銀行は、英国銀行共通ストレステストにおいて、既存および将来ストレスとして発生しうるミスコンダクト事象に起因する財務上のコスト（損害賠償費用、訴訟費用、引当金等）を損失額として計上することを銀行に求めている[6]。内部損失ベースでコンダクト・リスクを計測しこれに経済資本を配賦することは、バーゼル規制におけるオペレーショナルリスク管理においても採用されている。しかしながら、バーゼルⅢ最終化においてはシナリオ分析を活用したフォワードルッキングな先進的手法（AMA）によるリスク量計測が廃止されることとなった。今後各社は独自のフォワードルッキングなコンダクト・リスク計測手法を開発する必要がある。さらに、コンダクト・リスクはステークホルダーの不利益をも対象とすることを考えれば、財務上の経済損失を計測するのみでは不十分である。

そこで、コンダクト・リスクの財務影響の計測に加え、重要なコンダクト・リスク事象につき、これに経済資本とは別のリスクアペタイトを設定し、全社のリスクアペタイト・フレームワークに組み入れることが一般的である。コンダクト・リスクに係るリスクアペタイトの設定は、定量的経済資本額ではなく、KRIの形で設定する。KRIは主に、情報漏洩件数、顧客苦情件数などの指標を用いる。

コンダクト・リスクのKRIの選定には次のような配慮が必要である。すなわち、ミスコンダクトを完全にゼロにすること、つまり「ゼロ・トレランス」は現実的でないということである。経営者のなかにはコンダクト・リスクはゼロ・トレランスであるべきとの考えをもつ人もみられる。海外の大手金融機関でも、コンダクト・リスクについてのゼロ・トレランス方針を開示しているところもある[7]。個人の行動としてはミスコンダクトを「容認」することは厳に回避すべきであり、その意味ではゼロ・トレランス方針は適切である。しかしながら、経営レベルのリスク管理においては、ミスコンダクトをゼロにするという非現実的なアペタイト設定は実効性に欠ける。事業の遂行は必ずコンダクト・リスクをはらんでおり、いわばそのリスクを認識し

6　Bank of England, Financial Stability Report The results of the 2019 stress test of UK banks, December 2019

7　UBS, Conduct: Policy and Regulation Fact Sheet, November 2017

てとっていることを前提としたアペタイト設定をするべきであろう。現実的かつ実効的なコンダクト・リスクアペタイトの設定としてはたとえば、「不祥事件数前年比○○件減」などミスコンダクトを低減させる形での設定がある。

また、ここであげた情報漏洩件数等の指標はすでに顕在化したリスクを表す「結果指標」である。フォワードルッキングなリスク管理のためには、リスクの顕在化前の「先行的」な指標をモニターすることが有効である。先行的な指標としては、他社におけるミスコンダクト事案の件数、従業員意識調査におけるリスクカルチャーの浸透度などが考えられる。

さらに、フォワードルッキングなコンダクト・リスクKRI設定のためには、外部環境や事業戦略に係るストレスシナリオに基づき、これらのKRIがストレスによりどの程度変化するかを見積もることも考えられる。

コンダクト・リスクの監視（モニタリング）として、上記リスクアペタイトのプロセスで設定したKRIの実績値を他のリスクアペタイト実績とともに定期的に経営宛報告する（図表3－7参照）。実績値がアペタイトに抵触もしくは接近した場合は、戦略や商品販売の見直し、管理手法の見直しを実施する。さらにリスクアペタイトの下位の層においてもより詳細なモニタリングが可能である。

コンダクト・リスクの制御は、コンダクト・リスク事象に対するリスク軽減策の策定と実施により行う。リスク軽減策には、リスク管理手法の高度化、およびコンダクト・リスクをはらむ事業や業務プロセスの見直しの2つの方法がある。リスク軽減策によりKRI実績が減少方向を示せば軽減策が実効性をもつことが確認できる。

d　データ整備とIT技術の活用

コンダクト・リスクの認識、評価、監視のいずれの過程においても、IT技術の活用とデータ整備は不可欠である。たとえば、市場部門の取引モニタリングにおいては、ディーラーの会話録音とともに、テキストマイニングの手法を用いて不適切な情報交換を監視する手法が広く取り入れられている。「見せ玉」「フロントランニング」等の不適切な取引もIT技術を用いたシス

図表3－7　リスクアペタイト報告（ダッシュボード）の例

財務目標

項目	目標
当期利益	○○億円
ROE	○○%
普通株等Tier1比率	○○%以上

	割当資本合計	X事業本部	Y事業本部	Z事業本部
信用リスク	○○億円	○○億円	○○億円	○○億円
市場リスク	○○億円	○○億円	○○億円	○○億円
オペリスク	○○億円	○○億円	○○億円	○○億円
:	:	:	:	:
合計	○○○億円	○○○億円	○○○億円	○○○億円
業務純益	○○億円	○○億円	○○億円	○○億円
ROE	○○%	○○%	○○%	○○%

個別KRI

	KRI	アペタイト
事務	事務事故件数	○○件
情報資産	情報漏洩件数	○○件
IT	システム障害件数 サイバー攻撃件数	○○件
コンダクト	顧客苦情件数	○○件
コンダクト	内部通報件数	○○件

戦略リスク

事業戦略	リスク	KRI	アペタイト
1　事業戦略A	訴訟リスク	訴訟件数	○○件
2　事業戦略B	与信費用増加	国別貸出残高	A国○億円、 B国○億円
3　事業戦略C		債権引受残高	○○億円
:			

（出所）筆者作成。

テムで監視することが行われている。取引量が多くかつスピードの速い市場部門フロントの監視（front office supervision）には、こうしたIT技術の活用が必須である。

また、コンダクト・リスクを認識するにあたり、内外のミスコンダクトや規制情報を迅速に収集分析することが以前にもまして重要である。ミスコンダクト事象のデータ整備は、社内の事象のデータ蓄積に加え、社外のミスコンダクト事象を当局公表やメディアから収集してデータベース化する必要がある。こうした作業には外部データベースの活用やリスクセンシングの手法が有効である。金融規制等についても、その変更や新規実施につき迅速な情報収集のため、規制にかかわるテクノロジー（RegTech）の活用が今後さらに重要になる。こうした情報収集は、ステークホルダーの目線の変化への対応、各国で独自に導入される規制遵守のために、特にグローバルな事業展開を行う金融機関には必須のツールとなりつつある。

コンダクト・リスクの計測（評価）においてもIT技術の活用が可能である。従業員の行動記録に対するテキストマイニングによる行動特性の把握、音声認識によるストレス度チェック、社内ウェブを活用した従業員意識調査の頻度向上などである。

(2) 個別規制、ミスコンダクト事案対応

ここまでの態勢整備が主に統合的なリスク管理の観点だとすれば、個別具体的な規制遵守やミスコンダクト事案対応は個別案件のリスク管理の観点である。コンダクト・リスク管理は、統合的なリスク管理への組込みと同時に、個別の規制遵守やミスコンダクト事案の検知と真因分析を継続的に実施する必要がある。個別規制対応においては、各国の金融規制、非金融規制、法令を漏れなく把握し、これに的確に対応する必要がある。グローバルに活動する金融機関においては、このような個別規制対応は本部における集中的な把握が困難な場合が多く、各国・地域のコンプライアンス部署に多くを委ねることが一般的である。

最近の各国規制の動向として、個人情報保護、競争法などの分野が重視される傾向がある。個人情報保護については、欧州連合（EU）の一般データ保護規則（GDPR）を皮切りに、アジア諸国等で同種の規制導入が進んでいる。一部には、個人情報のクロスボーダー移転を大きく制約する、いわゆる「データ・ローカライゼーション」の動きも一部にみられる。競争法については従前より欧州にて海外企業の競争法違反に対する制裁が多くみられる。特に米国大手IT企業に対する競争法や個人情報保護の観点からの制裁が増加していることは注目すべきであろう。このような世界の規制の大きな潮流を常に把握することは、個別規制に的確に対応するためにも重要である。

社内の個別ミスコンダクト事案の検知・渦中管理・事後対応は、主に第１の防衛線の役割である。コンダクト・リスク管理においては特に第１の防衛線の役割が重要である。コンダクト・リスクは会社や従業員の「行為」に起因するリスクであることが１つの理由である。またコンダクト・リスクはマーケットリスクのように定量的計測や制御が困難であることから、リスクの顕在化の前に第１の防衛線でこれを阻止する必要があることが第２の理由である。

(3) リスクカルチャーの醸成と浸透

ミスコンダクトの防止のためには、リスクカルチャー（または「企業文化」）の醸成と浸透が重要である。これは金融庁をはじめ多くの当局も指摘するところである（第２章参照）。また、最近の企業の大きなミスコンダクト事案の調査結果においても、ミスコンダクトの真因の１つがリスクカルチャーの浸透の不十分さとされている。

先に述べたように、リスクカルチャーは、企業経営において経営理念の次に位置する高次の概念であり、企業の事業戦略などの行為を規定するものである。国際金融協会（IIF）はリスクカルチャーを「組織内の個人あるいはグループの行動規範であり、当該組織の現在および将来のリスクを特定し、理解し、オープンに議論し、そして、行動する集合的な能力を決めるもの」

図表3－8　リスクカルチャーの設定例

リスクカルチャー

■定義
リスクカルチャーとは「組織の現在と将来のリスクを特定および理解しこれをオープンに議論し行動する総体的な能力を決定する、組織のなかの個人やグループの行為の規範と伝統」を指す
■内容
当社のリスクカルチャーは以下のとおり
- ▶融資に関するリスクカルチャー
  - 安全性
  - 収益性
  - 公共性
- ▶事務に関するリスクカルチャー
  - XXXXX

■醸成策
リスクカルチャー醸成のため以下の方策を実施する
- ▶経営からのメッセージ
- ▶教育研修
- ▶報酬制度
- ▶XXXXXX

（出所）筆者作成。

と定義している[8]。企業および従業員の行為を規定するリスクカルチャーの醸成と浸透は、ミスコンダクト回避の1つの大きな要因となる。

リスクカルチャー醸成の方法としては、各金融機関のリスクカルチャーを明確に定義し、行動規範やリスクアペタイト・ステートメントに明記する方法がある（図表3－8参照）。また浸透策としては、経営からの継続的なメッセージ発信、教育研修の活用、報酬制度へのリスクカルチャーの反映、等がある。

リスクカルチャーの評価基準としてFSBは「トップからの声」「説明責任」

8 Institute of International Finance, Reform in the financial services industry: Strengthening Practices for a More Stable System, December 2009

「実効的コミュニケーションと牽制」「インセンティブ」の4つをあげている[9]。多くの金融機関ではすでに、こうしたトップからの声や報酬制度の見直しなどが実施されている。これにもかかわらず金融機関のミスコンダクトは絶えることがない。理由としては、リスクカルチャーの策定はなされていてもその浸透が十分でないことが想定される。金融庁は2018年の「コンプライアンス・リスク基本方針」のなかで「中間管理者には、経営陣が示した姿勢を自らの部署等の業務にあわせて具体的に理解し、日々の業務のなかでそれを自ら体現することを通じて浸透させることが求められる」として、従業員が日々一緒に仕事をしている中間管理者の理解と行動がリスクカルチャーの浸透に重要との指摘をしている[10]。これは、トップの策定したリスクカルチャーを現実の業務のなかで浸透させる有効な方法として注目されるべきであろう。

また現実には、リスクカルチャーの浸透度合いの定量的な評価は困難である。先にも述べたように、従業員意識調査のIT化による頻度向上、自由記述方式の意識調査に対するアナリティックな分析等を活用し、リスクカルチャー浸透度の評価手法を精緻化していくことが金融機関の今後の課題であろう。

なお、リスクカルチャーについては、昨今その目的について金融業界や当局の考え方に変化がみられる。当初リスクカルチャーとは、リスクアペタイト・フレームワークのなかで「リスクを進んで引き受ける」行為を前提にこれを規定する文化として概念化された（前掲のIIF定義参照）。しかしながら昨今では、リスクカルチャーをミスコンダクト防止のための規範ととらえてこれを行動規範の一部とみなす傾向がある。たとえば、NY連銀は2017年のペーパーのなかで「企業とその取締役は企業のカルチャーを改善し、ミスコンダクト・リスクを軽減する一義的な責務を負う」と述べ、（リスク）カル

9 Financial Stability Board, Guidance on Supervisory Interaction with Financial Institutions on Risk, April 2014
10 金融庁「コンプライアンス・リスク管理に関する検査・監督の考え方と進め方（コンプライアンス・リスク管理基本方針）」2018年10月

チャーの重要な目的の１つがミスコンダクト軽減にあることを強調している[11]。こうした考え方の背景には、金融機関のミスコンダクトの増加と、これを回避しようとする経営者および当局の意向の高まりがあるといえる。

一方で、豪州のAPRAは2016年に「コンダクト規制当局と健全性規制当局はリスクカルチャーにつき協働する必要がある」として、リスクカルチャーがミスコンダクト防止と健全なリスクテイクのバランスを実現する機能をもつべきとの立場を表明している[12]。本来のリスクカルチャーの意義からは、リスクカルチャーはミスコンダクト防止（リスクの抑制）とリスクテイク推進の双方を実現するものとしてとらえられるべきだろう。

以上、コンダクト・リスクの定義から管理手法まで一通りのコンダクト・リスク管理の方法をみてきた。このほかにも、当局からコンダクト・リスク管理の手法についての事例調査[13]や有効な手法に関する報告書[14]もある。しかしながら、金融機関のコンダクト・リスク管理にはまだ開発の余地と課題がある。次節ではコンダクト・リスク管理高度化の今後の課題をみていく。

第３節　コンダクト・リスクに係る課題

(1)　ガバナンスとコミュニケーション

課題としてはまず、コンダクト・リスク管理に係るガバナンスとコミュニケーションがある。すでに多くの金融機関ではこれまで述べたコンダクト・リスク管理を実施していると思われるが、その実効性がまだ不十分との声が

11　Federal Reserve Bank of New York, Misconduct Risk, Culture, and Supervision, December 2017

12　Australian Prudential Regulatory Authority, Information Paper: Risk Culture, October 2016

13　Financial Stability Board, Stocktake of efforts to strengthen governance frameworks to mitigate misconduct risks, May 2017

14　Financial Stability Board, Strengthening Governance Frameworks to Mitigate Misconduct Risk: A Toolkit for Firms and Supervisors, April 2018

多くの金融機関経営者から聞かれる。これは既述のとおりリスクカルチャーの浸透が不十分であることによると思われる。コンダクト・リスクとは、法令や規範を遵守していてもなお顕在化しうるリスクである。コンダクト・リスクの顕在化回避は、リスク管理態勢や社則の整備だけでは実現しない。実質的な「do the right thing」の考え方や各企業のカルチャーに基づき企業や従業員が行動することが必要である。

こうした、企業や金融機関のコンダクト・リスクに係る課題への対応としてガバナンスとコミュニケーションの強化があげられる。ガバナンス強化とは取締役会を頂点とする企業統治が、形式的にも実質的にも機能するようにすることである。企業統治についてはすでにリスク管理以外の分野でも語られているが、コンダクト・リスク管理強化のためにも取締役会の実効性評価等を通じた実質的なガバナンス強化は必須である。取締役会の審議の形骸化からの脱却はすでに多くの企業で実現されている。しかし、取締役会の意向が適切に社内にブレイクダウンされて従業員の行為を規定している例はあまり多くはないのではないか。

ガバナンス強化のためにはコミュニケーション強化が必要である。従業員一人ひとりの行為を規定するのは取締役会の決議事項ではなく、日々の業務における上司や同僚の行為である。部署のなかに不正行為を黙認する空気があると、不正行為を行う従業員の数は自然に増加しよう。部署のなかに不正行為を不可とする空気があれば、不正行為を行う従業員の数は自然に減少しよう。金融庁が述べている「中間管理者」の行動は他の従業員が見本とする行為の主要なものである。筆者個人は、ある国際的なチーフリスクオフィサーの会議で、１人の外銀のCROが「ミスコンダクト防止に最も適切な手段はコンダクト・リスク管理手法の高度化よりも“日々の上司からのフィードバック”である」と述べていたのを聞いたことがある。この考え方はコンダクト・リスク管理の本質を突いたものとしてきわめて正当な指摘といえよう。

幸いに、IT技術の発達により社内のコミュニケーションは従前よりはるかに迅速かつ包括的にできるようになっている。電子メールはもとよりライブ配信による経営メッセージの発信、e-ラーニングによる効率的な教育研修、会議システムによる迅速かつ対面に近いコミュニケーションにより、規則集を通じるよりも実効的なリスクカルチャーの浸透が現在は可能である。金融機関においては、かかるIT技術を活用して、コミュニケーションの多様化と実効性向上を図るべきであろう。

(2) コンダクト・リスクのモニタリング

コンダクト・リスクの監視・制御手法も今後の課題として金融機関が取り組むべき事項である。コンダクト・リスクのモニタリング手法は、既述のとおりシンプルなKRIの設定からより洗練されたIT技術を活用したものまで、多くの手法が金融業界内で試みられている。特にIT技術を活用した試みは、ガバナンスよりも個人の行動パターンに注目している。

一部の当局では、行動科学や社会心理学をコンダクト・リスク管理に適用する試みがみられる。たとえばオランダ中銀は2016年より、社会心理学を用いた銀行検査手法を導入している。そこではたとえば、「リスク認識・リスクテイク・リスク管理」に「潜在的に有害な従業員等の行動パターン」を特定し、これを評価し軽減することとされている[15]。また国際通貨基金（IMF）は2018年、行動科学を用いた金融監督に関する考察ペーパーのなかで、これまでの金融監督が金融機関のガバナンス面に重点が置かれて、ミスコンダクトを起こす個人の意思決定についてはあまり触れられていなかったことを指摘している[16]。

個人の行動重視の傾向は、英国のシニア・マネージャー・レジームのように、金融機関のなかで重要な意思決定機能を担う個人の責任を強化する規制にもみられる。同レジームは、CROやCEO等の重要な役職への任命において当局がその人物の適性を評価し、担当領域での不祥事は原則としてその人

---

15 De Nederlandsche Bank, Supervision of Behavior and Culture, 2016

16 International Monetary Fund, IMF Working Paper: A behavioural approach to financial supervision, regulation, and central banking, August 2018

物個人の責任とする考え方である。しかし、上記のオランダ中銀やIMFの例は、今後のコンダクト・リスク監督において、ガバナンス面での個人重視のみならず、従業員を含めた個人の行動観察重視にシフトする可能性があることを示唆している。

各金融機関においては、コンダクト・リスク管理の高度化の過程において、従業員一人ひとりの行動に重点を置いたモニタリングを実施する必要が出てくる。その際には個人情報やプライバシーに十分配慮した運用が求められることにも留意が必要である。また、AI等を活用した行動分析等にはバイアスがありうること、必ずしもIT化されたモニタリングが正確なコンダクト・リスクを計測しているとは限らないことにも留意が必要である。

(3) ミスコンダクトの削減に向けて

ミスコンダクトを削減するには役職員の一人ひとりが「ゼロ・トレランス」を目指す必要がある。最終的にはミスコンダクトの回避は役職員一人ひとりのリスクカルチャーの認識と実践にかかっているといえる。

しかし、金融機関においては、ミスコンダクトを完全にゼロにすること、つまりゼロ・トレランスを要求することは現実的でない。金融機関は事業の遂行においてある程度のコンダクト・リスクをとっていること（アペタイトが存在すること）に留意すべきである。

各金融機関のコンダクト・リスク全体を管理する部署（リスク管理部署やコンプライアンス部署）としては、コンダクト・リスク管理の態勢整備運用のみで満足することなく、常にその実効性を高める施策を実施することが求められる。金融庁が「基本方針」で示しているように、コンダクト（コンプライアンス）リスク管理もリスク・ベースのアプローチが有効とされる。統合的なリスク管理の考え方は、事業の遂行には必ずリスクが伴うことが前提となっている。リスクをゼロにすることは収益機会もゼロになる（リスクフリーのビジネスが存在すればすべての金融機関がそこに参入して収益はゼロになる）という考え方は、コンダクト・リスクにも当てはまるといえよう。

とはいえ、金融機関のレピュテーションや財務に時に致命的な毀損をもたらしうるミスコンダクト事象の削減は、現在の金融機関経営者の最も大きな関心事の１つである。また、金融機関はその社会的インフラとしての重要性、金融システムの維持という観点からも、他業種以上の正しいコンダクトが求められている。金融機関が「社会的ライセンス」を取得・維持することは、最終的には金融機関の財務および信頼の強化、ひいては金融システムの安定の維持にもつながる。

現在、世界ではCOVID-19（新型コロナウイルス感染症）拡大が経済と金融システムへの脅威となっている（COVID-19対応については第８章参照）。かかる危機時にこそ、金融機関のコンダクトと信頼が問われている。社会インフラとして必須な業務の継続、企業や個人の資金繰り支援、感染拡大防止のための顧客・従業員の安全確保、感染症影響の投資家への開示などはすべてコンダクト・リスクの領域に属する。COVID-19収束後は、経済や物流のほか働き方にも大きな変革が起きる可能性が高い。業務デジタル化が進み、テレワーク業務が新常態となりうる。健康安全に係るガバナンスが企業価値評価の重要な基準にもなりうる。こうして新たなコンダクト・リスク要因が増加する。変動する経済社会環境に適切に対応し、ステークホルダー要請に的確に応えていくことは、金融機関の使命であり続けるだろう。

第4章

サードパーティー・リスク

金融機関では以前より規制ドリブンで外部委託先管理を行い、主として顧客保護の観点から情報漏洩事故や品質面での不備などのリスク管理を中心に管理してきた。しかしながら、最近では、FinTech企業やAPIの接続開放などを機会とする新たなサービスの提供が進んでおり、管理範囲にサービスや調達等の取引先を含む必要があることから、対象先が拡大し、既存の委託先管理では不安をもつ声も聞かれ、サードパーティー・リスク管理をあらためて検討している。また、海外でもオペレーショナル・レジリエンス（強靭化）の視点からサードパーティー・リスクが注目され、管理のあり方を再検討する傾向にある。

本稿ではサードパーティーを「業務上の関係や契約を有する組織かつ自社サービスを提供するのに必要な先」と定義し、前半ではサードパーティーの定義や委託先管理との類似点、相違点を明確にし、後半では、管理基盤の構築、情報を利用した管理の効率化について紹介する。

第1節　サードパーティー・リスクとは

(1)　サードパーティー・リスクの最近のトピック

近年サードパーティー・リスクという言葉をよく耳にする。大半は、「外部委託先」と同義でとらえているが、調達や外部サービスなどもう少し幅広い観点を対象として語られることも多い。製造業では外部ベンダーが災害や火災、テロなどに巻き込まれることにより、サプライチェーンが寸断され、顧客への商品の供給が止まることのないように従来から管理されている。金融機関においても、メール転送サービスのセキュリティインシデントによりこのサービスをビジネスプロセスに組み込んでいた金融機関では、情報漏洩への対応だけでなく、サービスそのものの停止や変更を余儀なくされた。また、情報端末の廃棄をサードパーティーに委託したところ、再委託先で機器が持ち出され、転売されていたことが情報漏洩だけでなく、公的機関のレピュテーションや管理責任につながったことは記憶に新しい。これらは顧客に契約で約束したサービスを提供できなかったという点において、まさにサードパーティー・リスクが顕在化した典型的なケースであろう。

(2) サードパーティー・リスクの定義

ここであらためて「サードパーティー・リスク」を定義しておきたい。金融庁の「金融機関のシステム障害に関する分析レポート（2019年６月）」ではサードパーティーとは、「業務上の関係や契約を有する組織」であるが、デロイトの定義では、「自社のグループ関係会社を含め、企業が相互に関係を有するすべての第三者」とある。国内金融機関の場合、自社グループ関係会社はグループガバナンスのなかで統制していることも多く、管理対象から意図的に外しているわけではないが、サードパーティー・リスクを評価する際には当然評価対象に含めなければならない。

本稿では、デロイトでリスクドメインとして12の領域が定義されていることから、これらのリスクがサードパーティーにおいて顕在化することをサードパーティー・リスクと定義する（図表４－１参照）。

① 情報（サイバー）セキュリティ……サードパーティーが、意図しない変更、破壊や不正なアクセスから防げない方法で、委託元預託情報を利用しまたは保管するリスク。

② 業務継続……サプライチェーンの打撃的な事象を適切に管理できないために商品やサービスの提供ができず、組織に悪影響を与える。

③ 金融犯罪……サードパーティーが違法なビジネス慣行やマネーロンダリング、贈収賄、詐欺などの犯罪行為に関与し、組織に悪影響を与える。

④ 認可と輸出……サードパーティーが国際的な認可や輸出規制に準拠しない方法で商品やサービスを提供し、組織をレピュテーショナルリスクにさらす。

⑤ 労働者の権利……サードパーティーが商品やサービスを提供するために児童労働、強制労働、不当な賃金の支払などの非道徳的な労働ルールを使

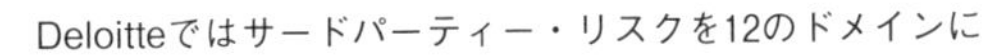
図表4－1　12 領 域

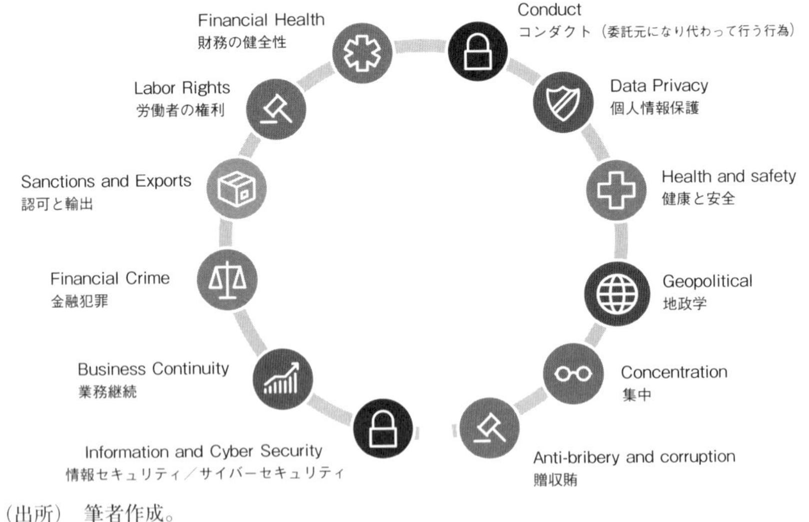

（出所）筆者作成。

った結果、レピュテーションや規制や法律などのオペレーショナルリスクが顕在化する。

⑥　財務の健全性……サードパーティーが財務的に存続不可能になり、商品やサービスを安定的に提供できず、組織に悪影響を与える。

⑦　コンダクト……サードパーティーが委託元に商品やサービスを提供する市場の安定や効果的な競争に対し、有害、または悪影響を及ぼす方向へ顧客を導く行為。

⑧　個人情報保護……サードパーティーが個人情報や機微情報の取扱いに際して組織や国内外の規制に準拠できない。

⑨　健康と安全……サードパーティーが労働環境や安全管理に関する職場での組織の基準を遵守せず、従業員や顧客を害する方法で商品やサービスを提供する行為。

⑩　地政学……サードパーティーが政治的、あるいは経済的に不安定な場所に位置し、政治的なイベントや自然災害の結果としてサービスや商品の提

供が困難になる。

⑪　集中……サービス提供のために１つのサードパーティーに過度に依存し、重要業務の重要な役割を担ってしまう。

⑫　贈収賄……サードパーティーがマネーローンダリングや不正や贈収賄といった非合法なビジネスへの関与に対し、適切なコントロールをもたない。

(3)　サードパーティー・リスクの管理範囲

前項では12のリスクドメインをみてきたが、これらをすべてのサードパーティーに当てはめ、管理することは事実上不可能であろう。ここでは、国内金融機関の対象範囲について考えていきたい（図表４－２参照）。まず、すべての調達、サービス提供先をサードパーティーと位置づけ、その後、リスクに応じた管理を行うことが現実的であろう。

サードパーティー・リスクを構成する12のリスクドメインは大きくサードパーティーの属性とサービスの属性に二分することができる。サードパーティーの属性に該当するのは、金融犯罪、認可と輸出、地政学、労働者の権利、健康と安全、贈収賄といった項目である。これらの項目はサードパーティーの内部管理態勢にかかわるものであり、サービス開始前に信頼しうるパートナーとなりうるかを確認する必要がある。調達も含め、このサードパーティー・リスクを評価する仕組みは金融機関であればすでに整備ずみであろう。これらのリスクが顕在化した場合、委託元にも業務継続やレピュテーションの観点で影響が出ることから、選定時のみならず、継続的なモニタリングが必要である。

残りの６つが提供するサービスのリスクとなる。これらはさらに情報セキュリティとサービス品質（継続）に区分することができる。まず情報セキュリティに関する事項はサイバーセキュリティに対する対応や個人情報保護の管理態勢を確認することになる。委託先管理でもこれらは最重視され、すでにこれらの管理が弱いサードパーティーを新たに選択することはないだろう。また、近年、重視されているのが、サービス品質（継続）の観点であ

図表４－２　12領域を整理

属性	リスクカテゴリー		管理区分	顕在化事例	
サービス	情報セキュリティリスク	情報セキュリティ 個人情報保護	情報管理	情報漏洩、サイバーセキュリティ、情報規制	システムリスク （委託業務に必要な管理基盤・業務基盤）
	業務品質リスク	業務継続 財務の健全性	業務継続管理	廃業、収支悪化による委託事業の縮小・撤退 システム障害による業務停止	
		コンダクト 集中	品質管理 サービスレベル管理	委託業務の品質低下による苦情や事務ミスの増加	
サードパーティー	コンプライアンス・リスク	認可と輸出 金融犯罪 労働者の権利 健康と安全 地政学 贈収賄	コンプライアンス管理	委託先の不祥事・法令違反による風評被害、金融犯罪 経済制裁、労働争議、贈収賄	

（出所）　筆者作成。

り、これには業務継続、業務品質の観点を含む。これらはリスクが顕在化した際、サービス提供企業のレピュテーションにも大きく影響することから、オペレーショナル・レジリエンスの議論とあわせて関心の高まっている領域である。

(4)　オペレーショナル・レジリエンス（強靭化）とサードパーティー・リスクの関係

オペレーショナル・レジリエンスとは、テロやサイバー攻撃、自然災害等に起因する業務中断に対して、いかに柔軟に業務を回復・継続するかの金融機関の能力を指す。また、デロイトの定義でも「AIやフィンテック等新たな金融テクノロジーの発展に伴い、従来の業務委託の概念を超えて、重要な業務を第三者に委託するケースもあり、こうした重要業務の中断に対する回復も対象とする」とあり、まさしくサードパーティー・リスクが対象となっている。ここではデロイトの「オペレーショナル・レジリエンス（強靭化）についてのリスク管理検討の必要性[1]」を参考にサードパーティー・リスクとの関係を解説していきたい。

2018年7月に英国BOE、RPA、FCAが、「英国金融機関のオペレーショナル・レジリエンスの態勢構築について」の共同ディスカッションペーパーを公表して以降、関心が高まり、その後、バーゼル委員会が2018年12月にサイバーレジリエンスのRange of Practicesを公表したことから、世界各国の監督当局も関心を高めている。議論が先行している英国では、共同ディスカッションペーパーに対する意見を取りまとめたうえで最終文書を公表するとみられる。ディスカッションペーパーでは、Preparation（業務の事前評価）、Recovery（業務の回復）、Communication（コミュニケーション）、Governance（ガバナンス）の4つを推奨するアプローチとしている。業務中断に対して、いかに柔軟に業務を回復するかに主眼を置き、ビジネスコンティンジェンシープラン（BCP）と関係する部分が多くある。

また、このなかでは「重要業務」や「影響許容度」にも触れられており、サードパーティー・リスクの評価をするうえでも参考にしたい。「重要業務」とは、金融機関の顧客へのサービスが中断すると、①顧客に耐えがたい損害を与える、②マーケット機能に損害を与える、③保険契約者の保証・補償を脅かす（保険会社の場合）、④安全性・健全性を害する、⑤金融の安定性を害する、ものをいう。すなわち、顧客保護と金融機能の安定性の維持という観点から重要性を判定することになる。重要度は金融機関の規模や顧客ベース等で異なり、例として、テレフォンバンキング業務、投資事務業務、証券預り業務、自動車保険の更新業務、銀行の決済業務、ATM現金引出機能、投

1　https://www2.deloitte.com/jp/ja/pages/financialservices/articles/bk/operational-resilience.html

資銀行の通貨ヘッジサービス提供等幅広くあげられている。また、「影響許容度」は、判定した重要業務について、業務マッピング（対応する人員、提供場所、システム、外部委託者、データ内容等）を行ったうえで、顧客や金融マーケットの視点で当該業務が中断した場合に最大限度どこまで耐えられるかを勘案し、耐えられる時間として設定する。テレフォンバンキングを例にとると、顧客がオンラインバンキングや近隣の支店が利用可能か等の代替手段の活用を考えて、最大限度業務中断が耐えられるレベルを12時間にする、としている。ここで重要なことは、金融機関側から復旧に何時間かかるかという視点ではなく、顧客の視点で耐えられる時間を決める、ということである。

金融機関でも新サービスを展開し、異業種との連携が増加するなかで、サードパーティーの位置づけがより重要になることも多く、BCPやRRPと同様に業務継続についても十分な確認が必要である。多くの金融機関ではすでにシステムベンダーを巻き込んだBCP訓練は実施されているが、重要な業務については、ベンダーとのコミュニケーションにとどまらず、ビジネス自体が回復できることを確認する。具体的には、目標復旧時間、目標復旧地点を守れるだけの水準にあるか、サービスレベルがBCPと整合しているか、維持できるかを契約の観点からも確認し、実効性を担保する。どのようなサービスレベルアグリーメント（サービスを提供する事業者と契約者の間で、サービスの品質に関する水準や実現のための運営ルール等を規定した文書。以下「SLA」という）を結んでいるか、現実的に実行可能かを確認できないと、サードパーティーの能力低下によりビジネス全体のサービスレベルが低下する可能性について意識しておきたい。

第2節　外部委託先管理とサードパーティー・リスク管理との相違点

(1)　従来の外部委託リスクとの類似点・相違点

サードパーティーの定義を、自社のグループ関係会社を含め、企業が相互に関係を有するすべての第三者とし、調達先やサービス提供も含むことで何が変わるのだろうか。

従来の委託先管理は、外部委託先を「その業務を営むために必要な業務の全部または一部を、第三者に委託する場合の当該第三者をいう」と定義していることが多かったため、業務委託のみを対象としていた。一方、サードパーティーで調達先やサービス提供先を対象とした場合、管理対象が大幅に増加する結果、管理負担も増えるケースが多い。以下、いくつかの項目で比較してみたい。

a　中核業務か

従来の金融機関の外部委託はノンコア業務を中心に拡大してきた。目的は重要でない業務を社外の低額なコストで補うことにあった。その後、金融機関はシステムを中心とする装置産業であったことから、システム開発を通じ、社内に足りないスキルを活用する動きが広がった。基幹系、勘定系の開発保守に外部委託先を活用したことから、その重要度は次第に高まったと思われる。そのため、かつては委託先管理＝システムベンダー管理との考え方が業界の主流であった。

この対象範囲が拡大したのが個人情報保護法の施行である。金融機関では多くの個人情報を扱うことから金融庁よりガイドラインが示され、このなかに「外部委託」が明示的に示され、システムベンダーだけでなく個人情報を取り扱う事務委託業者を管理対象に含むようになった。その後、コストの平準化や業務処理能力の確保を目的とする事務の委託やシステム開発・運用の外部委託から、高いスキルや専門性を必要とする協業、提携といったビジネスモデルへと外部委託の位置づけが変化している。このように外部委託の範囲が拡大、重要視されるなかで、外部環境として金融機関のサービスも変化している。ASPの利用が進むなかで、サービス利用を外部委託の一環として定義するケースも増え、最近では特に異業種との提携による新サービスの投入やクラウドサービスなどの利用も増えており、サービス提供のためには不可欠な要素を構成していることから、サードパーティーの業務における位置づけはますます重要になっており、管理の必要性も高まっている。

b　リスク

個人情報保護法施行の事情から外部委託管理では情報漏洩リスクを中心に管理されることが多かったが、レピュテーションの観点から委託先の反社チェックや信用管理は行われていた。業務を委託しても責任は委託できないとする顧客保護の観点は十分に反映されており、業務品質やコンダクト・リスクについても実質的には管理対象とされていたものと考えられる。一方業務継続については主にシステムBCPの観点のみで管理項目が構成され、顧客へ提供するサービス継続の観点や業務プロセスの観点からの集中リスクについての考慮が十分ではない金融機関も散見される。サービス提供先や調達先の不備により、継続的なサービス提供が不可能になるシナリオから集中リスクを再評価し、管理対象が大幅に増加した場合は、従来のリスク評価の観点をもう一度見直す必要がある。

(2)　サードパーティー・リスク管理が従来型外部委託先管理に与える影響

サードパーティー・リスクの定義をサービス提供や調達を含むと定義すると大幅に対象先が増加することから、垂直的な外部委託のみを対象としていた既存の外部委託先管理アプローチでの混乱は避けられない。多くの金融機関では業法に沿った業務を委託するケースのみを外部委託と位置づけているが、サードパーティーでは業務上の関係や契約を有する組織と定義するので、管理対象はいったん広がる。そのうえで、サービスの重要性、金額的重要性、代替可否、情報の預託などから総合的に管理対象とするかを判断するフレームワークをあらためて定義する必要がある（図表4－3参照)。物品の調達など、従来は管理対象先でなくとも、サービス提供に必要不可欠な製品(特許を用いたウェアラブル機器と連動した金融商品や精度の高いGPSを搭載した機器の測定値によって連動する保険商品など）である場合、仮に調達ルートが断たれ、代替可能な製品が調達できなくなると、サービスが提供不可能となり、サードパーティー・リスク顕在化の可能性もあるからである。

従来の外部委託先管理は主に業務委託であったため、委託先との関係が「垂直・相対」でありサービスも「パッケージ化」されていたが、サードパーティーになると「水平・相互・連鎖」の関係となり、サービス・調達が「パーツ」になることから、サードパーティー評価においては、まず対象となるビジネス全体のリスクを評価し、そのなかでサードパーティーがどのような位置づけにあるかを戦略的に検討する。なぜなら、リスクドメインのうち、集中リスクConcentrationはサービス設計の重要な要素であり、サービスの維持には業務継続Business Continuityの観点からサービスとしての目標

図表4－3　サードパーティーの概念図

サードパーティーと連携して顧客へサービスを提供

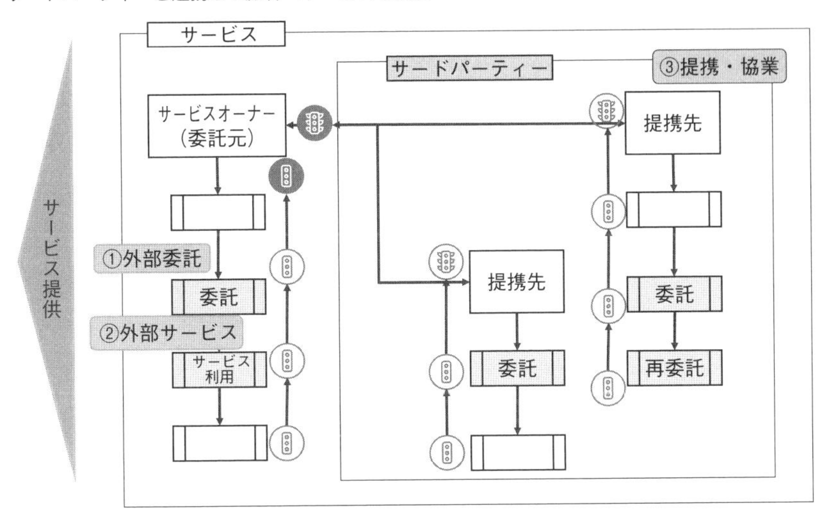

（出所）　筆者作成。

復旧時間や目標復旧地点を定義することが不可欠だからである。また、サードパーティーに求めるサービスレベルやKPI、KRIについてもこの時点で定義しておきたい。

ここで重要なのは、ビジネスによってサードパーティーに求める管理水準は異なることである。委託先管理では情報管理を主とした画一的なチェックリストにより委託先を評価し、場合によっては委託先に対し、リスクに比して過大な管理を求めるケースも見受けられた。また、その結果、特に新興のFinTech企業と業務提携する場合など、委託先の内部管理の整備が追い付かないため、この基準を守れず苦労するケースがあった。このような場合であっても、サービス／オペレーティングモデル全体を俯瞰し、リスクポイントとリスクドメインを特定し、そのリスクに見合った管理・モニタリングを行うというビジネスアプローチを導入することにより、ビジネスに必要なコントロールが明確化できるはずである。具体的な手順は第３節(3)リスク評価に基づく予備調査の観点で後述しているが、まず全体フローを明確にし、どのようなリスクがあるかを理解したうえで、必要な管理水準を考えるステップを踏むことが望ましい。もちろん提携先の規模に応じて求める管理水準を下げるのではなく、リスクを明確にしたうえで、セキュアな執務スペースの提供や安定したシステム基盤の貸与など、サービスとしてリスクを低減できる態勢づくりも可能となる。サードパーティー管理では従来以上にビジネスリスクに着目した管理を行うことで、提携するサードパーティーの幅を広げつつも、管理負担の軽減を図ることが必要となろう。

(3)　サードパーティー・リスクの把握に必要な要素

それではサードパーティー・リスクを把握するにはどのような情報が必要だろうか。まず、サービスを設計する時点で業務リスクを検討し、サードパーティーに依存する部分を明確にする。第１節(2)で定義した12のリスクドメインのうち、ガバナンスに係る部分はサードパーティーの選定時に最も必要な事項であり、サードパーティーの内部管理体制、反社チェック、過去の不祥事案の調査などを行う。システム開発等では、開発拠点が海外になることもあり、パンデミックや政情不安等のほか、品質管理面での目が届きにくいことも考慮に入れた情報を収集する必要がある。候補先となるサードパーティーの財務状況もこの時点で把握しておきたい。

次に業務品質に係る情報を集める。先のリスクドメインでは業務継続、コンダクト、集中に該当する部分である。これらを検討する際には、サービスの設計時に自社の基準で業務の重要性を評価し、それぞれサービスに求められるSLAを設定する必要がある。このSLAに基づき、必要なバックアップ周期や二重化などのシステム構成を満たせるか、人員のスキルやバックアップ態勢は十分かなどを確認する。サービスを構成するすべてのサードパーティーがこの条件を満たす必要がある。24時間365日のサービスを約束しながら、システム基盤のサードパーティーとのSLAがこれを満たせずに、サービスの提供が不可能になりリスクが顕在化するケースもあり、SLAの設定と情報収集は重要である。この観点はオペレーショナル・レジリエンスそのものである。

最後に、情報セキュリティに係る情報である。サービスがどのような情報を扱うのか、自社の情報区分でどの区分に該当するのか、預託する情報の件数など、情報の質と量を確認する。また、委託先管理でもセキュリティ管理態勢のほか、ISMSやPマーク認証の取得情報は収集されているが、これらの認証は事業部単位で取得が可能なことから、予定している委託業務の拠点が認証を取得しているかは確認する必要がある。サービスの重要度によってはサイバー攻撃に備え、ペネトレーションテストの実施計画や実施有無を確認することも考慮したい。

再委託についても本来は関連会社も含め、設計段階で確認しておきたい。これは情報管理だけでなく、品質管理の観点からも必須である。現状、サービス開始後、委託先の都合で再委託先が変更され、当初設計したSLAが守れなくなったケースや、提供するサービスが限定的になったケースが散見されており、再委託先についてもビジネス設計段階で考慮し、再委託先における変更リスクは、契約やSLAの条項で縛る等の予防措置が必要である。製造業と同じく金融機関のサービスにおいてもサプライチェーンは存在することから同様な視点からリスクを認識する必要がある。

また、サービス運用開始後も、同様に変動する項目を定期的に収集する。当初確保されていた業務継続に必要なシステム、要員などの資源がいつのまにか確保されなくなっていたケースや、当初計画になかった重要情報が預託されているケース、削除を約束していた個人情報が累積していたケースなどもあることから、定期的なサービスレビューによるSLAやKPIとのチェックといったサービス開始後のモニタリング設計に関する情報もこの時点で考慮しておきたい。KPIの定義もこの時点で行わないと、サービス開始後に収集が不可能になるケースや追加投資が必要になるケースもあり、注意が必要である。

(4) サードパーティー・リスク管理プロセスの整理

最後に前項で定義した必要な情報をどのように収集し、活用するかを考えたい。検討は、取得する情報の取得方法、ルートを整備することから始まる。基となるデータの正確性を担保する情報源の特定や、流れを明確化するデータガバナンスの整備がこれに当たる。モニタリング頻度との関係も考慮し、サードパーティーへ過度な負担をかけないことを念頭に置きつつ、情報の収集プロセスを構築していく。その際にはサードパーティーに関係する苦情や事務ミスなども連携されるようにする。自動継続契約であっても、財務情報や反社チェックなどは定期的に行うことにしたい。

次にモニタリングを実施する。モニタリングは収集した情報の分析が中心となるが、モニタリングを実施するためには管理する指標を明確にしておく必要があり、サードパーティーとの間でその基準となるSLAやKPIを契約締結時にあらかじめ明確にしておくことが重要となる。モニタリングにおいては変動には特に注意したい。苦情や事務ミス、セキュリティなどインシデントの増加は、無許可の再委託や経験者の退職による要員不足などに起因することもあり、SLAやKPIの変化を発見したら、その原因を探る必要がある。

分析、評価フェーズはモニタリングの最も重要な項目である（図表4－4参照）。モニタリング結果をふまえ、リスクを認識したサードパーティーに対し、そのリスクを受容できるかを確認する。サービス設計時にリスク評価を行っているが、この結果との比較、変化を確認し、サービス提供部門との協議を行う。システムセキュリティ等専門的な分野については、社内の専門部署と連携しながらサービス設計時のリスク評価との乖離に対し、評価を行うことが大切である。

改善フェーズでは分析、評価フェーズでリスクが受容できない項目に対し改善を依頼する。サードパーティーより改善結果の報告を受け、その妥当性を判断することが多いが、絵に描いた餅に終わらないよう、次年度の計画に改善効果のモニタリングを含めるプロセスを設けるべきである。毎年、同じ項目が指摘されながら改善に結びついていない事例もあり、リスク評価の見直しも含め、次年度の計画時に留意する。

こういった管理プロセスを回していくためには管理ツールを導入すること

図表4－4　PDCA図

モニタリングでは、自己点検に加え、他部門の情報も活用できるようにする

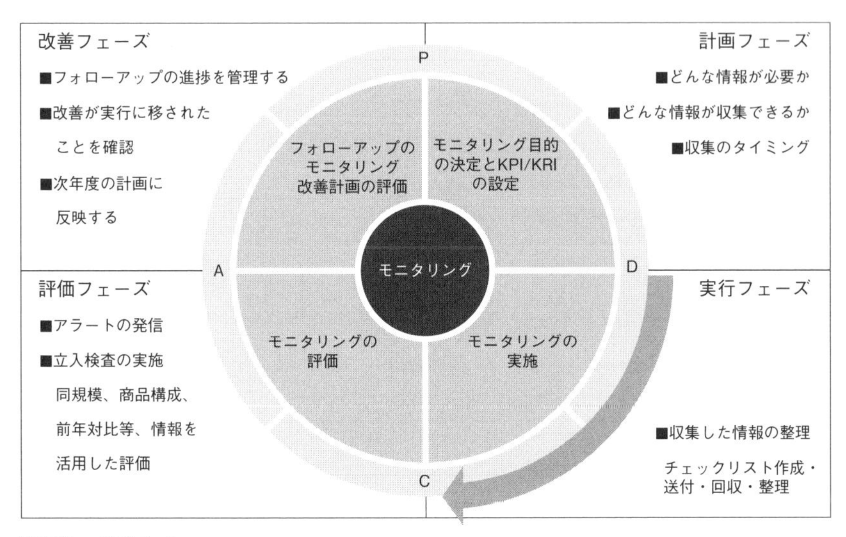

（出所）　筆者作成。

も有効である。サードパーティーを含め、多くの情報を収集することは収集自体が目的となりかねず、負担も大きいことからRPAを活用した収集管理や、委託先管理ツールを活用した製表、分析などを活用し、本来のリスク分析、リスク低減策に十分に時間をとるべきである。また、いわゆるダッシュボードのような機能を利用して、収集した情報を社内に開示することで、経営層へのタイムリーな報告に加え、潜在的なサードパーティー・リスクの社内共有を図ることも考えられる。

第3節 サードパーティー・リスク管理基盤の構築（情報の集約と調査準備への展開）

(1) サードパーティーと業務リスクの関係

ここまで、サードパーティーの定義や管理に必要な情報について俯瞰した。ここからは、実務上、どのようにサードパーティー・リスクを管理するかについて検討していきたい。

実務では、まず、サービス全体の業務リスクを評価することから始まる。サービスを設計する過程でサードパーティーからのサービス提供や調達が必須であれば、サードパーティーに係る部分のリスク認識と対応を考えていくことになる。つまり、サービスを設計しながら、必要なピースとしてサードパーティーを当てはめ、そのリスクを検討する。このサービス設計の段階で、サービス全体としてのリスクが許容範囲に収まるサードパーティーを選定することになろう。また、サービスの役割や責任範囲もこの時点で明確にする必要がある。具体的には、サービス自体のリスクを低減するコントロールの設置とモニタリングといったことが考えられる。外部委託管理においても顧客保護の観点から、委託しても責任は委託元にあるとする原則があり、サービス提供に関しても例外ではない。顧客へサービスを提供するサービスオーナーが設計時にリスク評価を行う必要があるが、複数社が対等な条件で業務提携を行うようなサービスの場合、リスクオーナーシップが希薄になることもあり、コントロールの実効性は注意が必要である。

サードパーティーを含むサービス全体のリスク評価を行ったうえで、サードパーティーにどのようなリスクがあるのか、サードパーティーに係るリスクが許容できる範囲にあるか、代替先はあるのかといった観点から、費用対効果を見極めつつ、最終的なサービスの設計、サードパーティーの選定を進めることが肝要である。

製造業を例にとると、製品を完成させるのに必要な資材の調達、加工、完成品の販売までを1つのラインでSCM（Supply Chain Management）管理が行われている。このクリティカルパス上に社外のベンダーがいれば、安定供給や納期を管理し、サービス全体の品質を維持されるよう管理しているのである。コロナ・ショックで調達が不可能になり、完成品の納期に遅れが出たことは記憶に新しい。これを金融機関のサービスに当てはめて考えると、従来は「システム開発」や「データ入力」といった特定の業務でベンダーを利用することが多かった。そのため、これらの業務ごとに委託部署がベンダー

図表4－5　サードパーティー・リスク概観図

業務固有リスクを評価⇒リスクに係るコントロールを設定⇒コントロールの機能状況をモニタリング
コントロールの運用をサードパーティーが担う部分がサードパーティー・リスク

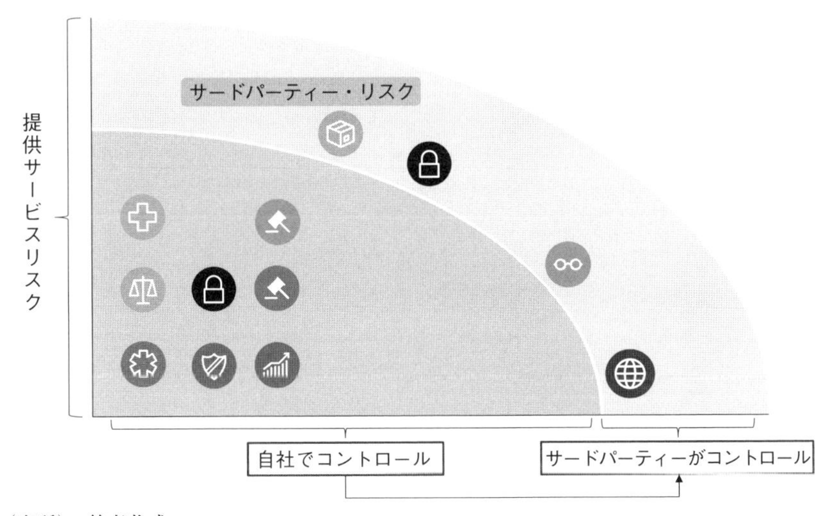

（出所）筆者作成。

を管理すれば事足りていたのである。しかし、最近では金融機関がサービスのオーナーとなり、複数のサードパーティーの技術やノウハウを組み合わせ、１つのサービスを構築して顧客へ提供することが増えている。サードパーティー・リスクが注目されているのもまさしくこの点であり、従来の外部委託先管理にはない視点であるSCM的な観点に基づくサービスの全体像管理が求められることになる。サービスを提供するオーナーの責任が変わらないことは通常の外部委託と変わらないが、コントロールを実行する（品質を管理する）のは各サードパーティーであり、サービスオーナーの役割はサービスとしてサードパーティーに存在するコントロールの整備と実行のモニタリングを行うことになる（図表４－５参照）。

(2)　サードパーティーの固有リスク評価

それでは、サードパーティーに係る固有リスクはどのように評価するのだろうか。手順としては、まず、サービスのリスクを評価し、そのうち、サードパーティーに係るリスクを評価する。サービスの設計フェーズで、サードパーティーの役割、期待は明確になっているはずなので、これを基にサードパーティーを評価、選定することになる。

第１節で考察したとおり、サードパーティーにはガバナンス、業務品質（継続）、情報セキュリティの３つのリスクがある。このうちガバナンスについては「ビジネスパートナーとしてふさわしいか」という観点から評価することになる。たとえ、サードパーティーの不祥事であってもサービス利用者である顧客からみた場合、サービスへの不信感、不満はサービスオーナーのレピュテーションにも大きな影響を与えることから、コストやスキルに優位性があってもガバナンスに不安のあるサードパーティーを選定することはリスクがあることに注意が必要である。

次に業務品質、継続の観点を検討する。サービス設計時に第１章で紹介したオペレーショナル・レジリエンスの観点を中心に集中リスクの高いサードパーティーを考える。なぜなら顧客に対しサービスを提供する際に、通常は

SLAも提示するので、SLAを満たせるサードパーティーを選択する必要があるからである。仮にシステム基盤やアプリケーションを委託するのであれば、サービスSLAを維持できるサードパーティーを選定しなければならない。また財務の健全性も業務品質、継続に影響を与える。突然の経営破綻や事業停止によりサービスが継続できなくなることを避けるため、日常からサードパーティーの様子には注視しておきたい。業績のよいサードパーティーであっても、事業の選択と集中のなかで、当該業務を打ち切ってしまい、サービス継続が困難となったケースもあり、経営指標だけに頼らずコミュニケーションを深めておくことが必要である。

サービスを設計するうえで委託先のスキルにどこまで依存するかが集中リスクである。重要な役割を担うのであれば、サービスそのものの品質や業務継続に大きな影響を与える最も大きいリスクであり、サービスのコアな部分をサードパーティーに依存する場合には、管理水準をしっかりと考慮する必要がある。

最後に情報セキュリティ面の評価を行う。前節のとおり、サービスがどのような情報を扱うのか、自社の情報区分でどの区分に該当するのか、件数など、預託情報の質と量はサービス設計時に予測、定義できるので、この情報から評価を行うことになる。情報の評価区分は情報の性質に沿って、「最重要」「重要」「一般」などと区分するケースや、個人情報の有無で区別するケース、これに取扱情報の件数を乗ずるケースなど各社さまざまである。個人情報の場合、法令やガイドラインに定める安全管理措置を講じることが必要であるが、自社規程との整合性、情報管理の責任を明確に定めなければならない。ビジネス設計時に情報のライフサイクルを明確にしておかないと運用時の評価ができなくなる点にも留意されたい。特にサードパーティーに他業種、新興企業等、金融機関との取引経験が少ない企業が含まれる場合、セキュリティの業界標準に違いがあることもあり、注意が必要である。

なお、固有リスクを評価する視点としては委託規模や委託期間、取引歴などを考慮しているケースもあり、定量的に把握可能であるため利用されがちであるが、ここまでに紹介した3つの観点を網羅したものではないので、上述した視点で網羅的に確認後、個別案件ごとに求める管理水準や優先順位をつける際の指標として補足的な利用にとどめるほうがいいのではないかと考える。最終的には、この3つのリスクを評価し、サービス全体として許容できる範囲内にあることを確認する。

(3) リスク評価に基づく予備調査の観点

固有リスクを評価し、予備調査を行う際に有用なのが、サービスフローを整理しておくことである（図表4－6参照）。作業フローを詳細に記述する必要はないが、情報の変換点、受渡点など、単なる業務フローだけではなく、情報のライフサイクルの全体像を明示することが望ましい。情報というみえないものの流れを可視化することにより、認識していなかった情報の残置や削除漏れを未然に気づけるほか、サービス設計を見直すことも可能なため、

図表4－6　フローチャート見本

業務フロー（例：委託元の顧客宛てに委託先が資料を送付する業務）

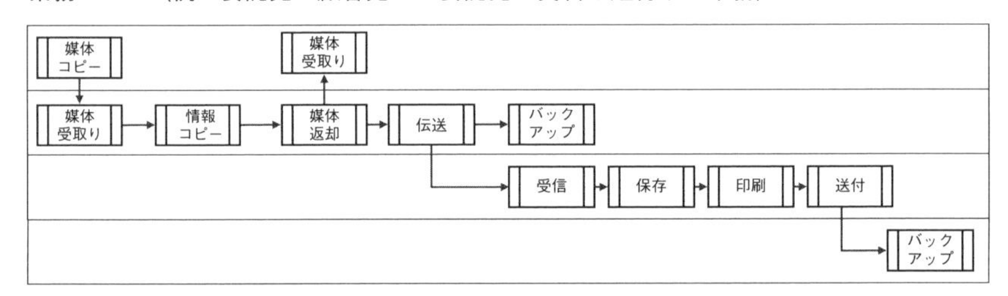

データフロー

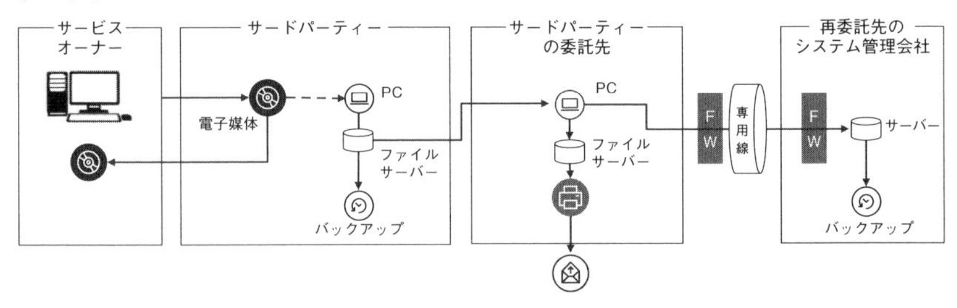

（出所）　筆者作成。

効果が高い。作成後、このサービスフローをサービスオーナーとサードパーティーが共有することで、サービスの全体フローの理解、責任分界点などを共有していく。

予備調査もこのフローチャートを利用して行う。予備調査の目的はリスクの認識と、コントロールの実在性の確認のために行うものである。サードパーティーを含むサービスの場合、フローが企業間をまたぐためコントロールが不明確になることも多く、あいまいになりがちである。想定しているリスクをどのサードパーティーがコントロールしているかを把握する。予備調査ではこれらのコントロールの所在を把握し、サービス提供上、重要なコントロールを見極め、実地点検でその有効性を確認できるよう点検プログラムを立案するところまで行う。

(4) 点検シートの限界と管理手順の成熟度モデル

外部委託は通常、社外で実施されるためオンサイトでの管理がむずかしい。このため、多くの金融機関では状況把握のため、サードパーティーに対し、書面による点検と立入検査を組み合わせた管理を行っている。書面による点検とは、回答者が委託先や委託元部門かの違いはあるものの、委託元で管理項目をチェックシート化し、書面で点検する。委託契約ごとに実施され、委託元部門や統括部門で評価されている。また、立入検査は重要な委託先に委託元が出向き、実際に管理状況を確認し管理の実効性を確認する。

チェックシートの点検項目はYES/NO形式で作成されることが多い。二択の場合、回答者であるサードパーティーは、設問要求事項の一部分でも満たしていればYESと回答することが多く、設問者が意図した管理水準を十分に満たしきれない場合にもYESと回答される場合がある。

このギャップを埋めるのに有効な手段の１つに設問や選択肢を具体化し回答者と認識を共有する方法がある。根拠となる規程名や自己点検書類を証跡としてサードパーティーより徴求しているケースも一般的に見受けられたが、書類の管理負担を考えるとあまり効率的な手法ではない。ここでは点検シートの選択肢をサードパーティーにおける管理の成熟度を把握できるように具体化した事例を紹介する（図表4－7参照）。

この方式の利点は求める管理水準を具体的に明示できることである。一般的にサードパーティーの成熟度をベースにして作成した選択肢への回答は、管理の整備状況、運用状況を段階的に確認できるので、求める管理水準との

図表4－7　設問例

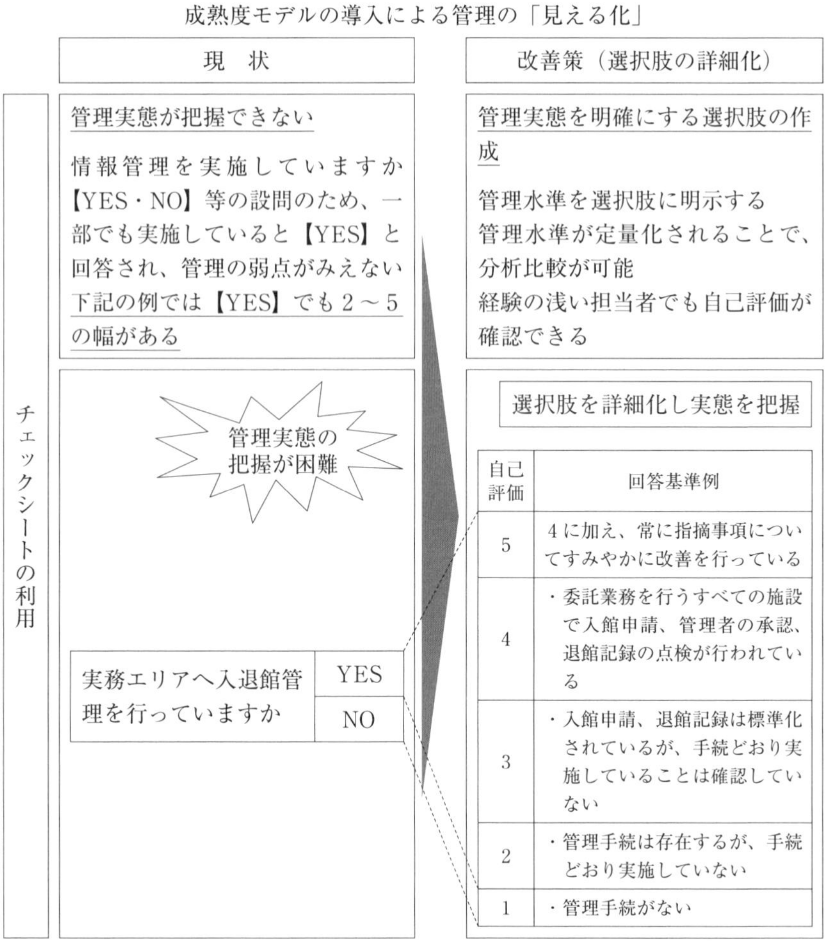

成熟度モデルの導入による管理の「見える化」

チェックシートの利用

現　状

管理実態が把握できない

情報管理を実施していますか【YES・NO】等の設問のため、一部でも実施していると【YES】と回答され、管理の弱点がみえない
下記の例では【YES】でも2～5の幅がある

管理実態の把握が困難

実務エリアへ入退館管理を行っていますか	YES
	NO

改善策（選択肢の詳細化）

管理実態を明確にする選択肢の作成

管理水準を選択肢に明示する
管理水準が定量化されることで、分析比較が可能
経験の浅い担当者でも自己評価が確認できる

選択肢を詳細化し実態を把握

自己評価	回答基準例
5	4に加え、常に指摘事項についてすみやかに改善を行っている
4	・委託業務を行うすべての施設で入館申請、管理者の承認、退館記録の点検が行われている
3	・入館申請、退館記録は標準化されているが、手続どおり実施していることは確認していない
2	・管理手続は存在するが、手続どおり実施していない
1	・管理手続がない

（出所）　筆者作成。

ギャップを確認しやすい。また、選択肢が明確になることで回答者の理解のブレを小さくできるメリットもある。ただし、求める管理水準を具体化すればするほど、本来確認すべきリスクの認識が薄れてしまい、形骸化や、代替統制有無を検討されない点は留意する必要がある。

こういった点検シートを回答者に委ねる場合、回答の正確性が十分に担保されるわけではない。すべてのサードパーティーにこういった点検シートの回答を求めているケースも多いが、この点は日常の打合せ時や立入検査時と併用しつつ回答内容の正確性を自ら確認し担保することが望ましい。

第4節　サードパーティー・リスクのモニタリング（情報の活用とモニタリング）

(1)　リスクの可視化とサードパーティー情報の一元管理

前節で述べた管理基盤を構築すると、サードパーティー・リスクをモニタリングするために必要な固有リスク、業務フロー、点検結果などの管理情報は集約できる。ここからは、これらの情報の活用方法について、管理フローに沿って考えていきたい。

PDCAサイクルを前提にすると、計画段階ではサードパーティーの企業情報、契約情報の整理、見直しを行う。次にサードパーティーごとにリスクに応じた管理方針を検討する。この時点で、固有リスクの高いサービス提供に不可欠なサードパーティー、重要情報を扱うサードパーティーが管理対象先として選定されるはずである。管理対象範囲が調達やサービス提供先も含む定義にすることで母集団の絶対数は多くなっているが、ここまで述べたようなリスクベースアプローチによる固有リスク評価を行うことで管理対象先は選別可能であろう。

評価対象のサードパーティーの数が多い場合には、リスク情報の一元化、リスク評価はデータベース化することが望ましい。金融機関では情報の収集、集約が担当者の手作業になっているケースが多いため、点検シートの授

図表４－８　リスクデータベース図

PDCAサイクルを回すには、情報の一元管理が必要

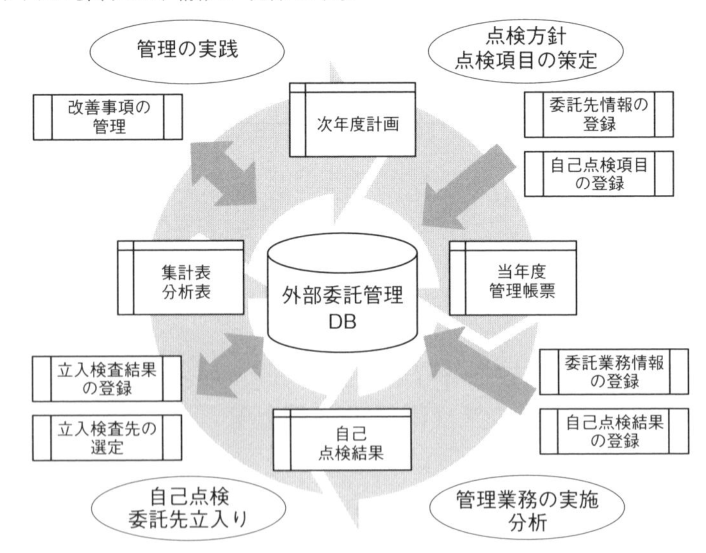

（出所）　筆者作成。

受管理と個々の点検シートの内容確認に忙殺され、本来確認すべき全体感やリスク評価に十分な時間がとれないことが多い。データベース化している金融機関では点検結果を自動集計し、不備モニタリングや実地点検先の選定に役立てているケースもあり、情報をサードパーティーの集約や分散に役立て、戦略的にコントロールしようとする動きもあり、データベース化するメリットは大きい（図表４－８参照）。

(2)　自己評価・点検結果からの残余リスクの把握

次にサードパーティーの管理状況を確認する。このフェーズの目的は残余リスクを評価するのに必要な情報を収集し、残余リスクを把握することである。サードパーティーに対し、点検シート等の方法で自己点検を依頼し、管理状況を確認するケースが多いが、画一的な点検項目を依頼してしまうと

サードパーティーの管理負担も重くなるので注意が必要である。確認すべきなのは、予備調査や固有リスク評価時に認識したリスクの統制状況であり、サービスの類型化、固有リスクを反映した点検項目に絞ることが望ましく、前節(4)で述べたような工夫や点検項目抽出・シート送付・集計などの自動化で負担を軽減することも検討したい。

この点検結果のみで不備のあるサードパーティーを抽出し、不備事項ごとに委託元であるサービス提供部門を通じ改善を求めるケースもあるが、この手順では収集した固有リスク情報が反映されず、固有リスクの小さいサードパーティーに結果として過剰な対策を求めてしまいかねない。目的は残余リスクに応じた管理を行うことであり、認識した固有リスクが許容可能な範囲にコントロールされているか、点検結果を利用して残余リスクを把握することにある。たとえば、重要情報を扱う固有リスクの高いサードパーティーの情報管理の点検内容を確認することや、重要業務のバックアップ状況、BCP訓練状況などを確認することが考えられる。また、一元管理したサードパーティーに関する情報は必要な範囲で共有し、サードパーティーと直接かかわる部門との意思疎通を図りやすくすることは重要である。

(3) 残余リスクの管理とモニタリング

残余リスクを把握した後、必要に応じ実地点検を行う。この実地点検時にも業務フローの理解や自己点検結果といった収集済情報を活用できる。固有リスクの高いサードパーティーを毎年実地点検しているケースが多いが、同じサードパーティーを点検することは形骸化を招く懸念もあり、リスクが顕在化した場合の影響力の大きい固有リスクの高いサードパーティーに加え、管理が弱く結果として残余リスクの高くなるサードパーティーを点検先に抽出することで、カバー率を高めることも一部の金融機関では実施されている。

実地点検は情報管理であれば、自己点検回答結果との一致やセキュリティエリアへの共連れ、帳票の無断出力等の予備調査で想定していなかった事務が行われていないかを確認する。また、サービス継続であれば、データのバックアップやシステムの切替え、要員の手配の実行性など、オペレーションの継続態勢を確認することが主目的となる。その他、労務環境や品質管理態勢なども確認しておきたい。

最近では、業務プロセスを共通のシステム基盤上に構築し、自動化したサードパーティーの統制状況をサードパーティーとサービス主体がモニタリングを行うサービスも提供されつつある。また、セキュリティ系のツールでも脆弱性情報や利用状況を一体化し、モニタリングするSIEMと呼ばれるツールの利用も一般的になっており、こういったツールを利用し、リスク情報をリアルタイムでモニタリングを行うことも将来的に一般的になろう。

この過程で気をつけたいのが、サードパーティーに求める管理コスト負担である。本来は求めるセキュリティ基準、品質基準を明示し、必要な管理コストが見積りに含まれるべきであるが、多くのサードパーティーの見積りではあいまいになっており、サービス開始後の点検で、求める水準に満たなかったことが発覚することも多い。安易に価格だけでサードパーティーを選定することなく、提供を受けるサービスとその品質維持の管理コストも含めた選定を可能にするために入り口の選定プロセスの設計の重要性を理解し、点検時に慌てることのないようにしたい。

(4) 業務フローを活用したリスクモニタリング

最後に業務フローの活用について考える。前節の予備調査の観点で示したとおり、情報の加工点、受渡点を中心にモニタリングすることがリスクにフォーカスした点検であると考える。なぜなら、運用後のサービスにおけるサードパーティー・リスクは情報漏洩や業務停止であり、これらを引き起こすポイントを理解するためには、企業間でサービス全体を見渡す設計図が必要となるからである。

また、業務フローはサービスを提供するにあたり必要なノウハウと管理を参加するメンバーと共有するものである。狭義の業務委託では委託元が設計、管理すれば事足りるが、複数企業が参加するサービスでは、各社が自社内のサードパーティーは管理するものの、サービス全体の流れを理解していないことがあり、委託先管理における再委託先が管理されていない状況と同じく危険な状況である。サービスの設計時にサービスオーナーが全体像を管理するとともに、各社間での役割と責任を定め、リスクをモニタリングする方法を設定する。その後、各社が自己点検を行った結果を共有し、サービス全体のコントロールの有効性を確認する。契約上では各社がサービスオーナーと個別の契約を結ぶケースも多く、全体像を参加各社が理解することで、不必要な情報の保持やインシデント発生時の回復力に効果を発揮する。

(5) まとめ

委託先管理からサードパーティー管理における変化は、単に管理対象範囲が広がるということではなく、規制ドリブンからビジネスドリブンになることである。国内金融機関においては規制ドリブンで委託先管理態勢を整備しており、一定のガバナンスは構築されているが、サードパーティー・リスクは現時点では具体的なガイドラインはなく、金融機関ごとに検討しなければならない。そのため、よりいっそうのガバナンスの整備が重要となる。たとえば、第１線・２線の役割についても、規制ドリブンであれば第２線のリスク管理部門を中心にリスク管理を行うが、ビジネスドリブンであれば、ビジネスリスクを見通す第１線を主体に整備することになる。本稿でも第１線であるサービスオーナーを中心にビジネスリスクを評価することを推奨しているのはこのためである。また、第３節で述べているような、サードパーティー・リスクを管理するための情報基盤の整備をグループレベルで行うことは、全社的なサードパーティー・リスクを集約できる第２線で行うべきであろう。

サードパーティーの名寄せを行うなどこれらの情報を整備することは、同一拠点を複数部署で管理するような非効率な運用を避けられるほか、将来的にはコストやノウハウ、管理態勢の情報を基にサードパーティーの集約や分散が可能となり、戦略的な活用も期待できることから、この機会に検討されたい。欧米ではサービスオーナーとして、サードパーティーを客観的な視点で評価するため、サードパーティーから報告を受けた自己評価を補完する目的で、外部データの活用を推進する動きがある。たとえば、信用情報やセキュリティインシデント情報だけでなく、金融犯罪やエシックスといった領域でも情報プロバイダーから情報の提供を受け、評価に活用しているなど、サードパーティー管理に必要な情報インフラが整備されつつある。国内においてもサードパーティーの利用は今後も進むことが予想され、その重要性もますます高まることから、このような情報プロバイダーがサービスを提供することが望まれる。

第 5 章

サイバーリスク

第1節 定　義

(1) サイバー攻撃リスクの特性

企業を取り巻くリスクのなかで、近年間違いなく大きな脅威の1つになっているのが、サイバー攻撃リスクである。これは、サイバー空間を利用した革新的なビジネスを展開する企業だけの問題ではなく、あらゆる機器がインターネットに接続する現代においては、それだけでサイバー攻撃の脅威にさらされていることを念頭に置く必要がある。サイバー攻撃対策を検討する際に考慮すべき、アタックサーフェス（Attack surface）については、後述するが、最初にサイバー攻撃リスクの特性について、みてみることにする。

- 日々新たな攻撃手法が生まれており、100％防御することは無理である。
- 標的型攻撃のように、特定の組織を執拗に攻撃する場合もあるが、攻撃者は、組織規模などを区別しない。
- 攻撃者の間でも分業が進んでおり、サイバー攻撃に必要なツールなどは自身で開発しなくても調達でき、参入の障壁は比較的低い。
- 自然災害のように低頻度・高影響の事象ではなく、ひとたび攻撃による被害を受けると、企業の浮沈に直結する可能性がある。

(2) サイバー攻撃の脅威と種類（攻撃手法）

アタックサーフェスは、もともとは軍事用語（アタックサーフェスに限らず、サイバーセキュリティ関連の用語は軍事用語が多い。また、コンピュータウイルスはその名前のとおり、感染症に由来する命名であるため、公衆衛生分野の用語が多い）で、「攻撃される可能性のある場所」を意味する。金融機関は、事前に識別した保護すべき重要な情報資産やシステム構成等をふまえ、アタックサーフェスを把握し、それらに影響を及ぼす可能性のあるサイバー攻撃リスクの洗出しを行う。この際、図表5－1「サイバー攻撃の脅威・種類

図表５－１　サイバー攻撃の脅威・種類別の分類の例

対象	脅威	攻撃の例
金融機関等	金融機関・金融市場インフラの機能停止	DoS攻撃 DDoS攻撃
		Webサイトの改ざん
		マルウェア （標的型攻撃等）
	機密漏洩	マルウェア （標的型攻撃等）
顧客	不正送金等の不正取引	フィッシング
		マルウェア

（出所）　公益財団法人金融情報システムセンター「金融機関等におけるコンティンジェンシープラン策定のための手引書（第３版追補３）」28頁。

別の分類の例」を参考にするとよい。

なお、サイバー攻撃の手口はたえず変化（高度化・巧妙化）しており、金融機関に対するサイバー攻撃リスクもたえず変化しているので、定期的に見直し作業を実施する必要がある。情報処理推進機構（IPA）が、「情報セキュリティ白書」を毎年公表しているが、ここ数年は連続して「標的型攻撃による被害」が１位となっている。内容をみてみると、なんらかのイベントと連動することも多く、早速新型コロナウイルス（COVID-19）に絡めたデマや給付金詐欺などが報告されている。サイバーセキュリティというと、ITの問題のように思われることも多いが、技術だけではなく、人の心理を突く攻撃も多く、このことが対策を困難にしているともいえる。

(3)　サイバー攻撃に関するルール（サイバー行動と法律）

高度化するサイバー攻撃に対して、わが国やわが国の産業を守っていくためには、国は国際社会と連携して、サイバーセキュリティ対策を強化していく必要がある。ここでは、サイバー戦争とサイバー犯罪について、概観する。法律問題を取り上げるのは、サイバーセキュリティ対策というと一方的に対策をとらざるをえない印象をもつ方もいると思うが、他のリスク管理と同様、法的な保護により救済・補償されたり、保険によって補填されたりするものであるからである。サイバー戦争にも言及したのは、戦争は不可抗力の最たる事例であるので、契約関係に影響することを知っていただきたいと考えたからである。なお、本書は金融機関におけるリスク管理を扱うことに主眼を置くため、サイバー戦争の問題については、深入りはしない。さらに詳しく調べたい読者は、中谷和弘他著『サイバー攻撃の国際法－タリン・マニュアル2.0の解説』（信山社）などを参照してほしい。

サイバー攻撃は、現代社会が抱える深刻な問題であり、特に金融機関を含む重要インフラに対して大規模なサイバー攻撃がなされる場合、民間企業だけでは対処できない。2007年に大規模なサイバー攻撃を受けて国家機能が麻痺してしまう危機を経験したエストニアの例などがこれに該当する。こうした経験を背景に、サイバー行動に関する国際法を整備したものとして、タリン・マニュアル（Tallinn Manual on the International Law Applicable to Cyber Warfare）がある。タリン・マニュアル2.0は、全154の規則とコメンタリーからなり、

- 一般国際法とサイバー空間（国家責任など）
- 国際法の特別の体制とサイバー空間（国際電気通信法など）
- 国際の平和及び安全とサイバー活動（武力の行使など）
- サイバー武力紛争法（サイバー攻撃の定義など）

で構成されている。送電網を制御するSCADAシステムの稼働に変更を加えるようなサイバー行動の結果が国家の責任に帰属するかいなかを考える場合に利用することになる。

次に、サイバー犯罪についてみてみる。警察庁によれば、サイバー犯罪の検挙件数は増加傾向にあり、2018年は9,040件と過去最多であった。なお、2018年におけるインターネットバンキングに係る不正送金事案の発生件数は332件、被害額は約４億6,100万円であり、金融機関によるモニタリング強化、ワンタイムパスワードの導入等の対策が効果をあげたものと考えられて

いる。ただし、サイバー攻撃は日々高度化しており、防御する側の金融機関には新たな手口の出現に備えたモニタリング、情報共有などが引き続き求められる。

(4) 本書で対象とするサイバー攻撃

本書では金融機関におけるリスク管理を扱うため、自らが対抗措置を取りえない、国家機関によるサイバー行動（典型的な例は、サイバー戦争）の問題については、深入りはしないことにする。非国家主体によるサイバー行動については、各国の法的な枠組みによって規律されることになる。サイバーセキュリティに関する法令については、内閣官房内閣サイバーセキュリティセンター（NISC）が公表した「サイバーセキュリティ関係法令Q&Aハンドブック（Ver1.0）」を参照されるとよい。

第2節 サイバーリスク管理の実務的なアプローチ

(1) 態勢整備

ここからは、サイバー攻撃によって生じる可能性のある事業継続が困難になる事態、情報漏洩、信用不安等に対するアプローチについて、まずは態勢整備について説明し、次いで平時における運用、有事の際の対応（インシデントレスポンス）を説明する。情報開示は本書を通じて重要なテーマであるので、インシデントレスポンスとは分けて、詳しく説明する。

サイバーセキュリティを経営上のトップリスクとしてとらえ、積極的な投資を図り態勢を高度化する金融機関は増えてきている。経営者は、平時からサイバー攻撃を受けることを想定し、リスクを把握するとともに、リーダーシップを発揮することが重要である。

⑵　平時における運用

経営陣のリーダーシップのもとで整備された組織体制においては、以下のような運用を行うことになる。具体的には、

①　窓口業務（サイバー攻撃に関する情報を一元化）

②　監視・分析（攻撃を早期に検知するためのシステム監視やログ分析）

③　情報収集（ソフトウェアの脆弱性やセキュリティパッチ等）

④　脆弱性情報への対応・脅威情報への対応（ユーザー部門への注意喚起も含む）

⑤　情報共有（金融庁・日本銀行・金融ISAC・JPCERT/CCなど）

などである。上記を継続的に運用し、高度化を図るためには、

⑥　サイバーセキュリティリスクの洗出しと影響度評価

⑦　インシデント対応手順の整備

⑧　教育・訓練・演習

が欠かせない。また、インシデントが発生した場合の情報共有体制に加えて、リスク開示体制についても平時から整備しておくことが重要である。米国SECによるサイバーセキュリティリスク開示に係る解釈ガイダンスは、体制構築をするうえでの参考になる論点を提示している。

⑶　インシデントレスポンス

ここからは、サイバー攻撃が発生、もしくはその兆候を把握した際の一連のプロセスを説明する。インシデントレスポンスのプロセスについては、米国国立標準技術研究所（NIST）のコンピュータセキュリティインシデント対応ガイドによれば、検知・受付から評価・改善まで10のプロセスがある。10のプロセスは、時系列に沿って、大きく初動・対応・回復の３つのプロセスと、対応期間を通じて必要な記録・社内外の連携・広報の３つがある。

具体的には、

① 初動

- 検知・受付
- トリアージ
- 分析

② 対応

- 封じ込め
- 根絶

③ 回復

- 復旧
- 評価・改善

と時系列で対応していくものがある。ここで注意しなければいけないのは、それぞれにタイムラインを設け、顧客離れや評判失墜に至らないように、コントロールすることである。たとえ設定したタイムラインどおりに事態が進まなかったとしても、企業への影響（二次的な影響）を最小限に抑える工夫が必要になる。

また、対応期間を通じて必要な記録・社内外の連携・広報に関しては、以下のような事項を考慮しておくことが必要である。

④ 記録……インシデント対応に係る記録は、ステークホルダー（顧客・当局・株主・監査人など）や法的対応・保険金請求等に使用することになるので、一定期間しっかりと保管しておく必要がある。

⑤ 社内外の連携……迅速な外部組織との連携のためには、事前に連携先を明確にしておくとともに、万一の場合に備え、複数の連絡手段を整備しておくことも必要である。

また、社内は重要な協力者であるので、情報の開示範囲に留意しながらも、置いてきぼりにしないよう注意が必要である（社外のニュースで知るのはモチベーションにも影響する）。

⑥ 広報……広報体制については、次のインシデントの報告と公表の項で説明するので、ここでは説明を割愛する。

⑷　インシデントの報告と公表

サイバーセキュリティ攻撃を受けて被害が発生した場合には、それによって生じる費用やその他のネガティブな影響をふまえ、情報開示の検討が必要だ。その方法には、ホームページ上での公表、マスコミ向けの記者会見、有報等がある。

a　ホームページ上での公表

サービスの停止や停止中の代替手段の周知、影響範囲が特定できていない場合の個人情報漏洩などの場合、ホームページで公表する。判明している事実を、正確かつ可能な限りすみやかに公表することが必要だ。情報漏洩等により顧客に影響がある場合には、影響範囲や注意事項、具体的な対応方法を伝達することが重要である。

b　マスコミ向けの記者会見

事態の重要性によっては、ホームページ上での公表に加え、記者会見をする場合もある。この場合には、窓口を広報部門に一本化し、対外的な情報に不整合が生じないようにする。また、取引先への説明もあわせて行うことがあるので、ポジション・ペーパーを作成し、統一的な対応ができるようにする必要がある。

c　有報での情報開示

サイバー攻撃を受けて被害が生じた場合でも、収益への影響、訴訟および法的リスク、株価等への影響を勘案して、適切な開示が求められることに変わりはない。開示をするかを判断する際、後述の米国SECによるガイダンスは参考になる。また、重要な非公開情報に該当すると考えられるので、インサイダー取引に関しても注意が必要である。

第３節　サイバーリスク管理の定量化アプローチ

(1)　サイバーリスク定量化への関心の高まり

近年、サイバー攻撃による甚大な被害発生が相次いでいることから、多くの企業がサイバーリスクを経営のトップリスクと位置づけている。一方で、自社がどの程度のサイバーリスクにさらされているか、またそれが対策を講じることでどの程度低減されるかの評価・把握はむずかしく、サイバーリスクへの対応方法に迷っている企業も多い。経済産業省および独立行政法人情報処理推進機構による「サイバーセキュリティ経営ガイドラインVer 1.1」には「経営戦略としてのセキュリティ投資は必要不可欠かつ経営者としての責務」「サイバー攻撃のリスクをどの程度受容するのか、セキュリティ投資をどこまでやるのか、経営者がリーダーシップをとって対策を推進」と記述されているものの、実際にはどうしたらよいのか、という悩みを聞くことも少なくない。サイバーリスク定量化はこういった悩みへの答えとなりうる。サイバーリスク定量化は以前から議論されていたものの、実用的なアプローチが見出されていなかった。昨今、アプローチの検討が進み、活用事例も出ていることから、本稿ではサイバーリスク定量化モデルの概要について紹介する。

デロイトでは2011年から世界経済フォーラム（WEF：World Economic Forum）との連携によりサイバーリスク定量化に関する検討を進めてきた。この成果は「Partnering for Cyber Resilience, Towards the Quantification of Cyber Threats」として2015年にWEFよりレポートが発行されている。

また、デロイトでは上記取組みにおいて検討したメソドロジを用いて、オランダにおける各産業（14業種）のサイバーリスクを定量化したレポートとして「Cyber Value at Risk in the Netherlands」を2016年に発行するとともに、このメソドロジを活用したサイバーリスク定量化のコンサルティングサービスを世界各国のクライアントに提供している。

(2) サイバーリスク定量化モデルの概要

ここからは、デロイトのメソドロジをベースにサイバーリスク定量化のアプローチを紹介する。サイバーリスク定量化は次の３ステップにより実施する（図表５－２参照)。

a　損失額の推定

b　発生確率の推定

c　Value at Riskの計測

a　損失額の推定

損失額の推定は２つの手法を組み合わせることで実施する。

①　業務内容・業務プロセスの把握を通じた、情報資産の洗出し

②　財務情報の分析により、上記情報資産が毀損した場合の損失額推定

まず情報資産の洗出しについて、デロイトでは、情報資産の区分例に示す７区分で情報資産を整理しており（図表５－３参照)、各社のビジネスモデル・業務プロセスを把握したうえでこれらの細分化を行う。ビジネスモデルによっては該当する情報資産を保有していないケースもあり、たとえば

図表５－２　サイバーリスク定量化アプローチの全体像

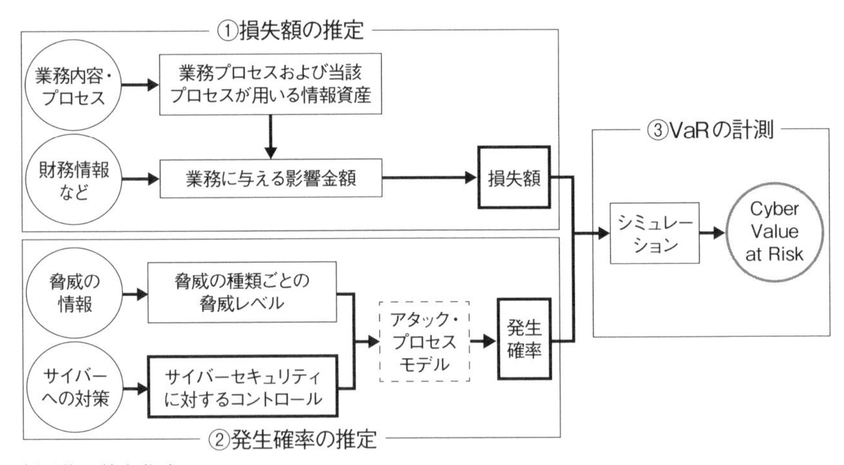

（出所）　筆者作成。

図表５－３　情報資産の区分例

No.	情報資産の区分		具体例	毀損した際の影響例
1	機密性	知的財産（Intellectual Property）	研究開発情報、ノウハウ等	競争優位性の低下による機会損失
2		戦略的情報（Strategic Information）	ビジネス戦略、M&A計画、製品開発情報等	競争優位性の低下による機会損失
3		第三者の情報（Third Party Information）	委託元・提携先等からの預り情報等	第三者への賠償
4		個人情報（Privacy-related Information）	個人顧客および取引先の個人情報等	個人への賠償
5	完全性	コントロールの完全性（Control Integrity）	製品や生産設備等のセキュリティ対策に関する情報	販売停止・生産停止による売上喪失顧客等への賠償
6		金銭的な完全性（Liquidity Integrity）	金融取引における認証情報等	インターネット金融取引における不正送金
7	可用性	業務継続（Operational Continuity）	システムの安定稼働に必要な情報	業務停止による売上喪失

（出所）筆者作成。

No.6の「金銭的な完全性」は金融機関に固有なものである。

次に識別された情報資産が毀損した場合、すなわちセキュリティインシデント発生時の損失額を推定する。「個人情報漏洩時に１人当り500円（相当の金券）の謝罪金を支払った」等の事例を基に漏洩件数×500円といった損失額算定をよく見聞きするが、実際に発生する損失は謝罪金だけではないこと、損失額は各社の事業特性によっても変わることから、デロイトのアプローチでは次のような財務情報・経営数値を用いた推定を行う。

- 時価総額
- 売上高
- 個人顧客数／従業員数
- R&D（研究開発）投資額
- IT予算額　等

b　発生確率の推定

次に、損失がどの程度の確率で発生するかの推定を行う。発生確率の推定においては、たとえば、次のような分類で攻撃者（Threat Actor Type）の想定を行う（図表５－４参照）。

そのうえで図表５－５に示すようなアタック・プロセスモデルを作成し、想定した攻撃者の種類とコントロールの強度から、発生確率を推定する。発生確率の推定においては、その根拠となるデータをどのように得るかによって、大きく２つの方法が存在し、１つは自社のサイバー攻撃発生状況や、セキュリティ対策評価結果といった内部データを活用する方法と、もう１つはセキュリティ専門企業が作成しているサイバーインテリジェンスレポート等の外部データを活用する方法が用いられる。この点については、サイバーリスク定量化における大きな課題の１つであることから、詳細は後述(3)ａも参照されたい。

c　Value at Riskの計測

推定した損失額と発生確率に基づいてサイバーリスクのValue at Risk（Cyber VaR）を計測する。Cyber VaRの計測においては各リスクシナリオの損失額と発生確率をたとえば次の２つのケース別に推定しておく。なお、95％の信頼区間とは、20年に１回の割合で最悪のケースを超える事態が発生する

図表５－４　攻撃者の分類例

攻撃者の種類	技術レベル	発生頻度	主要な攻撃対象情報資産
サイバーエスピオナージ（Espionage）	高	低	戦略的情報、知的財産
高度サイバー犯罪（Advanced Crime）	高	低	戦略的情報、金銭的な完全性
マスサイバー犯罪（Mass Crime）	低	高	個人情報、金銭的な完全性
大量妨害攻撃（Disturbance）	低	高	業務継続

（出所）　筆者作成。

図表5－5　アタック・プロセスモデル

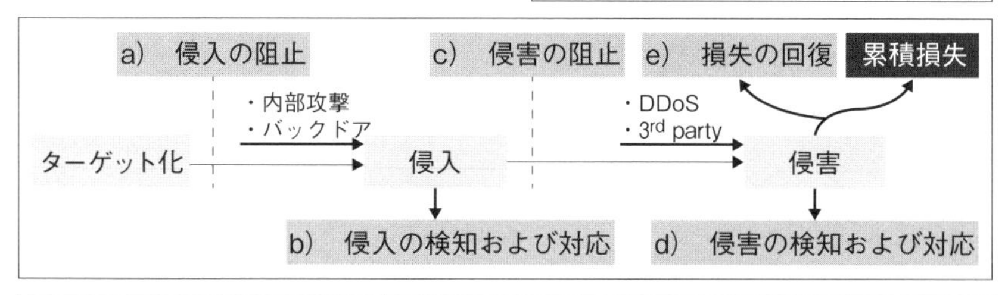

#	コントロール	シナリオ発生頻度推定の例
a）	侵入の阻止	全サイバー攻撃のうち企業のシステム（イントラネット）に侵入できたサイバー攻撃の割合
b）	侵入の検知および対応	アタックの1日平均検出数・無害化数（neutralized）。侵入と侵害の区別はしない
c）	侵害の阻止	情報資産の侵害とセキュリティ措置の失敗の割合
d）	侵害の検知および対応	アタックの1日平均検出数・無害化数（neutralized）に同じ
e）	損失の回復	侵害発生時のダメージ復旧能力

（出所）筆者作成。

ことを意味する。

① 通常ケース……平均的なケース

② 最悪ケース……95%の信頼区間で発生する、最悪のケース

そのうえですべてのリスクシナリオを対象に、モンテカルロシミュレーションを実施し、損失分布を仮定し、得られた損失分布から、最悪のケース（95%点）を特定し、Cyber VaRを計測する。なお、(1)で紹介したWEFのレポートでは信頼水準95%・観測期間1年でCyber VaRを計測している（図表5－6参照）。

図表5－6　シミュレーションによるCyber VaR計測のイメージ

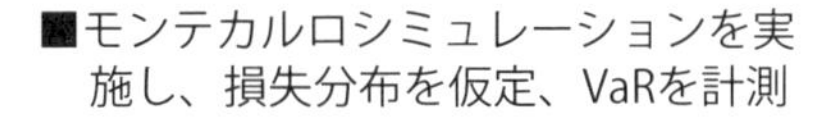

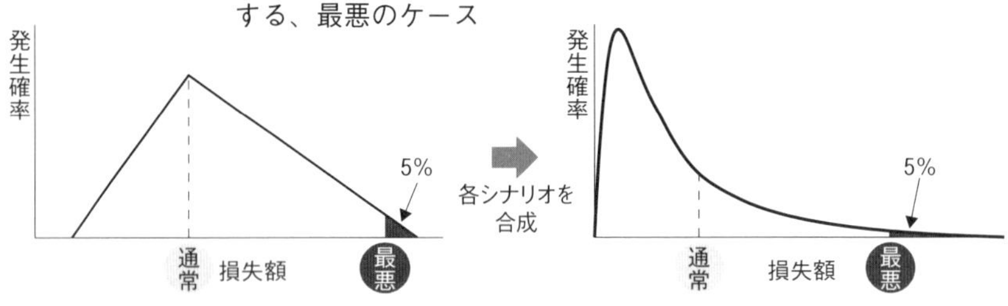

（出所）　筆者作成。

(3)　サイバーリスク定量化の課題

サイバーリスク定量化は、自社がさらされているリスクの大きさを、具体的な数値で把握することができるため、その意義は大きいと考えられる。これにより、たとえば、万が一セキュリティ侵害が生じた場合に備えたリスク手当、すなわちサイバー保険への加入、引当金等の財務的手当の要否検討や、セキュリティ投資の効果測定を定量的に行えることから、セキュリティ投資の優先順位づけが可能になるといった効果が期待できる。

しかしながら、実際の定量化にあたっては依然として課題も見受けられることから、以下に代表的な課題を2つ紹介する。

a　推定における参考情報の課題

既述のとおり、サイバーリスク定量化にあたっては、インシデント発生時の損失金額やその発生確率を、財務情報や過去のサイバー攻撃発生状況等から推定していくことになるが、この推定の根拠として十分な情報が必ずしも得られないケースがある。

特に、(2)bに記載した発生確率の推定では、自社におけるサイバー攻撃発生状況や、セキュリティ対策評価結果といった内部データを活用することが望ましいが、特に日本ではこれが十分でないケースがほとんどである。そうした場合には、外部情報（デロイトが蓄積した情報や、各種レポート等の公開情報）から間接的に発生確率を推定することとなるが、自社の情報を使うケースに比べて、サイバーリスク量は一定程度の参考値にならざるをえない。

なお、現状においては、初回の定量化については一定の範囲で現状のセキュリティ対策評価を行いつつも、主に外部データを活用することで簡便に発生確率の推定を行い、２回目以降の定量化に向けてサイバー攻撃発生状況等の内部データ蓄積や、発生確率の推定に資するセキュリティ対策評価を行うことで、推定精度の向上を目指していくことが現実的なアプローチとなっている。

b　定量化のコスト・作業負荷の課題

サイバーリスクの所管部はシステム部門であることが多いものの、定量化をシステム部門単独で行うことは困難であり、実際には事業部門やリスク管理部門など多岐にわたる部門の協力が必要になる。過去の事例をみても、リスク管理部門が定量化を主導し、システム部門のみならず事業部門を巻き込んでいることが多い。

また、シナリオの設定等にあたってはその詳細度や粒度が部門等によって異なることから、この平仄をあわせたり、推定されたシナリオの損失金額や発生頻度について、部門間の意見調整や客観性確保の作業負荷も相応のものとなる。

そのため、一度に全社的なサイバーリスクの定量化を行うことはコスト面・作業負荷面から困難であり、特定の範囲（拠点や部門、システム等）から実施し、その後拡大していくことが現実的であり、全社的なサイバーリスクを把握するには相応な時間を要する点が課題といえよう。

第４節　非財務情報としてのサイバーリスク

企業が資金調達を行う舞台である資本市場において、上場を維持するためには企業の財務リスク、非財務リスクを開示しなければならない。財務リスクの重要性に変わるところはないが、昨今では、非財務リスクの積極的な開示が求められている。各企業がサイバー空間を利用してビジネスを拡大しており、すでにサイバー空間の活用なしには、十分な企業活動が行えない状況になっており、金融機関はさらに高度な利用を行っている。このなかでサイバーリスクの重要性は高まっている。本節では、企業のサイバーリスクに関する開示に焦点を当てて、解説する。

(1) 海外における動向

a 欧州の動向

EUでは、GDPR（EU一般データ保護規則）などにおいてサイバーリスクの顕在化事象について報告を求められているが、公表を求めるものではない。そして、サイバーリスクに焦点を当てた開示に関する指針はいまだ発表されていない。

英国でも同様ではあるが、投資家と英財務報告評議会（FRC）では、サイバーリスクは、主要なリスクを開示するにあたっての重要なリスクであると考えている。その証左として、「Guidance on the Strategic Report」（FRC、2018年7月）においては、企業の価値創造、維持に重要な影響を与えうる長期的な構造的リスクから発生する戦略やビジネスモデルに対する、潜在的な変化を説明することの重要性に言及しており、その変化の例として、サイバーリスクをあげている。さらに、リスクが高まっている領域、リスクが事業へ与える影響の説明を求める例示の1つとして、「サイバーアタックは、機密データの喪失による顧客の信頼の毀損につながり、また、システム障害により事業のある部分の遂行ができなくなる」と記載している。

b 米国の動向

米国においては、2011年にサイバーセキュリティの開示に関するガイダンスが、米国証券取引委員会（SEC）により公表されており、さらに、公開企業のサイバーセキュリティ開示に係る解釈ガイダンス（Statement and Interpretive Guidance on Public Company Cybersecurity Disclosure、以下「開示ガイダンス」という）を2018年に発表している。これは、開示の内容について、直接義務づけを行うものではないが、サイバーリスクの開示に対する考え方を整理するうえでは非常に有用な資料と考えられている。

c　重 要 性

企業が開示を行うにあたり、投資家の判断に影響を与えるような重要性をもつ事実を識別し、開示する必要がある。サイバーリスクは重要だということで単に開示されるものではなく、企業全体におけるさまざまなリスクの頻度・影響度をふまえ、サイバーリスクがその１つとして位置づけられるものである。

開示ガイダンスでは、企業は識別されたリスクについての潜在的な重要性を識別する必要があると述べ、インシデントの開示についても漏洩情報の重要性と事業への影響を評価する必要があるとされている。また、サイバーセキュリティリスクやインシデントの重要性は、インシデントが与えうる損害のレンジに依存するものであり、損害の形態としては、会社のレピュテーション、財務的パフォーマンス、顧客や取引先との関係、訴訟や規制当局による調査や処分が含まれるとしている。

なお、サイバーリスクの開示というと、きわめて技術的であり難解という印象をもたれる可能性もあるが、SECが期待する開示内容は、経済的、財務的、法的、またはレピュテーション上の影響を伴う、投資家にとって重要な情報であり、特定の情報ではないと、開示ガイダンスでは述べている。

d　リスク要因

SEC提出書類においては、本邦における事業等のリスクに相当する、リスク要因（Risk Factor）の記載が求められる。開示ガイダンスでは、以下のようなリスク要因を検討することを求めている。

- 過去のサイバーセキュリティインシデントの発生、深刻度合いと頻度
- （将来の）サイバーセキュリティインシデントの発生事象および潜在的な影響度合い
- サイバーセキュリティリスクを低減させるための予防的措置の適切性（可

能であればサイバーセキュリティリスクを予防し、低減させる能力の限界についても議論）

- 重要なサイバーセキュリティリスクや潜在的コストを生じさせるビジネスや事業の要素、およびそれらのリスク（業界固有のリスクや第三者のサプライヤーやサービスプロバイダーに係るリスクを含む）が生じた場合の影響
- レピュテーションが毀損する可能性
- サイバーセキュリティに関して会社が対応すべき事項に影響を与える可能性のある既存あるいは審理中の法規、および会社にとっての関連費用
- サイバーセキュリティインシデントに係る訴訟や当局調査、改善に係るコスト

上記は、非財務リスクにおいてリスクを検討する際に、一般的にあげられる観点と同様である。サイバーリスクにおいても同じ枠組みで検討することが可能であり、また、そのように行うことが望まれるということを示唆している。

e　経営者による財務および経営成績の分析

経営者による財務および経営成績の分析における観点から、開示を検討すべき項目の例示として、開示ガイダンスでは以下があげられている。

- 現行のサイバーセキュリティ施策のコスト
- サイバーセキュリティインシデントに係るコストおよびその他の影響
- 潜在的なサイバーセキュリティインシデントのリスク
- その他のサイバーセキュリティ関連のコスト（例として、知的財産の喪失、インシデントの直接的費用および予防的措置を導入するためのコスト、保険維持費用、訴訟や当局調査対応に係る費用、既存あるいは審理中の法規対応費用、レピュテーション毀損とそれに伴う競争力低下に係る回復費用など）

f　開示に係る統制と手続

取引所規則においては、開示についてのタイムリーな判断が可能となるための情報の取扱いや、検討についての内部統制プロセスと手続が求められている。それを受けて開示ガイダンスにおいては、サイバーセキュリティリスクの管理は企業全体のリスク管理の重要な一部であると認識されており、企

業がサイバーセキュリティに関する包括的なポリシーと手続を採用し、サイバーセキュリティの開示に係る統制と手続の十分性を含め、定期的に準拠性を評価することが推奨されている。

g　インサイダー取引

SECは、サイバーセキュリティリスクとインシデントに係る情報を含む重要な非公開情報に基づく取引を制限するための方針と手続が、適切に設計されていることが重要であると、開示ガイダンスにおいて述べている。インシデント発生後から開示情報が浸透するまでの間に、不適切な取引が行われていると外形的にみられないようにするために、内部者による取引を規制すべきか、あるいはそのような規制をいつ導入すべきかについて検討すべきであるとしている。サイバーリスクはテクニカルな側面をもつため、一般的なインサイダー規制を防ぐ枠組みのなかでは対応しきれていない本邦の企業は多いと考えられる。そのなかで、示唆に富むガイダンスであるといえよう。

(2)　わが国における動向

本邦においても同様に、開示におけるサイバーリスクの重要度は増しており、企業が開示を行う事例も増えてきた。米国のように投資家からの観点による明確なガイドラインは発表されていないものの、利用者等の観点から総務省が情報開示の手引を発表している。

まず、サイバーリスク関連の情報開示に活用されている主な開示書類は図表５－７のとおりである。

これらは主に投資家向けの開示資料であり、そのほかにも、統合報告書やアニュアルレポートで開示する例もある。

a　金融庁の動向

2019年１月に、有価証券報告書等の開示内容を規定する企業内容等の開示に関する内閣府令が改正され、経営戦略等やリスク情報等の記述情報の充実を2020年３月期から求めるようになった。それに伴い、「記述情報の開示に関する原則」（2019年３月19日）が金融庁から公表された。この資料は、経営

図表5－7　サイバーリスク関連の開示書類（例）

報告書	サイバーリスクについて主に記載される事項
有価証券報告書（制度開示）	「事業等のリスク」において、サイバーリスクが事業（収益）に与える影響
コーポレートガバナンス報告書（制度開示）	「内部統制システム等に関する事項」において、情報セキュリティ全体に関する管理体制の整備状況
CSR報告書／サステナビリティ報告書（任意開示）	「セキュリティに関する基本方針等の策定状況」「セキュリティに関する管理体制」「社員に対する教育・人材育成」「社外との情報共有体制」「第三者評価・認証の取得状況」の5項目について記載
情報セキュリティ報告書（任意開示）	2007年9月に経済産業省が公表した「情報セキュリティ報告書モデル」に基づき報告書の発行目的といった「基礎情報」「経営者の情報セキュリティに関する考え方」「情報セキュリティガバナンス」「情報セキュリティ対策の計画・目標」「情報セキュリティ対策の実績・評価」「情報セキュリティに係る主要注力テーマ」「（取得している場合の）第三者評価・認証等」のうち企業にとって必要なものを選択

（出所）「サイバーセキュリティ対策 情報開示の手引き」総務省サイバーセキュリティ統括官2019を参考に筆者作成。

方針・経営戦略等、経営成績等の分析、リスク情報を中心に、有価証券報告書における開示の考え方等を整理したものである。

同原則では、事業等のリスクの開示においては、顕在化する可能性の程度や時期、リスクの事業へ与える影響の内容、リスクへの対応策の説明を求め、一般的なリスクの羅列ではなく、投資家の判断に重要な影響を及ぼす可能性のある事項を具体的に記載することが求められる、と記載するのみであるが、その付属文書として、「記述情報の開示の好事例集」を公表し、開示内容全体のレベルの向上を企図している。そのなかで、ある企業の事例として、10程度の重要と選別された事業等のリスクの1つとして、サイバーリスクが開示されている。

b　総務省の動向

一方、サイバーセキュリティ政策を担う総務省では、「サイバーセキュリティ対策　情報開示の手引き」（総務省サイバーセキュリティ統括官、総務省、2019年6月）を発表している。これは、取引先、一般利用者、投資家などのステークホルダーの企業への信頼感が増すという観点から情報開示を促しているものといえる。

企業において実施されることが望まれるサイバーセキュリティ対策として、以下があげられており、利用者等からすれば、これらの実施状況が開示されることにより、商品・サービスの選択などの際の参考になると考えられる、としている。

①　サイバーセキュリティ対応方針策定
②　経営層によるリスク管理体制の構築
③　資源（予算、人員等）の確保
④　リスクの把握と対応計画策定
⑤　保護対策（防御・検知・分析）の実施
⑥　PDCAの実施
⑦　緊急対応体制の整備
⑧　復旧体制の整備
⑨　取引先・委託先やグループ単位のサイバーセキュリティ対策
⑩　情報共有活動への参加

なお、情報開示のあり方はステークホルダーによって異なる。たとえば、企業と直接の取引関係のない一般消費者や投資家等の不特定多数のステークホルダーに対する情報開示と、NDAを結んでいる取引先や情報共有コミュニティに対する情報開示では、提供可能な情報の範囲や粒度が異なる、としている。金融庁がステークホルダーとして投資家を主眼としているのに対し、総務省はより広い範囲のステークホルダーを想定していることがわかる。

第 6 章

AI導入による業務高度化の推進とリスク

これまで、人類は3回の産業革命を経て大きく発展してきた。

最初の産業革命は、18世紀末頃から19世紀前半にかけて英国で起こった。それまでは工場制手工業中心であったが、水力や蒸気機関を活用した機械の導入が進められ、生産性が飛躍的に高められた。2回目の産業革命は、19世紀後半に米国やドイツで起こった。これは、鉄鋼業や機械、造船などの重工業や石油資源を活用した化学工業を中心として工場の機械化が急速に進められた。また、エネルギーも水力から電力が活用されるようになった。そして、3回目の産業革命は20世紀半ば以降に情報通信技術の発展に伴って起こったと考えられる。コンピュータの処理能力の向上や小型化、インターネットの普及に伴い、ICTの活用も促進された。エネルギーも、新たに原子力エネルギーが活用されるようになった。

こうした産業・技術の発展を経て、現在は4回目の産業革命といえる大きな変革期を迎えている。この第4次産業革命では、データの利活用というのが1つの大きなキーワードとなっていると考えられる。第3次産業革命の原動力にもなった情報通信・情報処理能力が飛躍的に向上したことが下支えとなり、テラバイトレベルのデータも扱えるような、まさにビッグデータといえるデータ量であってもストレスなく処理できるようになった。これに加えて、クラウドサービスの展開やIoT（Internet of Things）化が進んだことなどにより、より多くのデータがより簡単に蓄積できたり、収集できるようになった。さらに、この蓄積されたデータを分析するための技術である、Deep Learningに代表される機械学習系の手法等の進化もあり、データ利活用の範囲や可能性が拡大し、さまざまな場面での利活用が検討されるようになった。

このように、近年は情報処理技術の飛躍的な向上の下支えもあり、組織の課題解決に収集・蓄積されたデータの分析結果を活用することが一般化して、Data Driven経営への移行やRPA化などに代表されるデジタルトランスフォーメーションが進められ、業務の変革や効率化が実現されている。ここで特に、蓄積されたデータから一定のパターンや法則性を導出し、その結果に基づいて識別や予測、実行を行うことをプログラムされたいわゆるAI

(Artificial Intelligence：人工知能）は、非常に重要な役割を果たしていると考えられる。

そこで本章では、組織のデジタル化、特に業務へAIを活用するにあたって考慮すべきリスク、およびそのコントロールについて解説する。そのために、まずはそもそも本章で取り扱うAIとはどのようなものであるのか定義を固めてから、AIを業務へ適用する際の一般的なプロセスについて述べるとともに、最近のAI導入にかかわる潮流について述べる。次に、このAI導入におけるプロセスにおいて検討すべきリスクやその観点を洗い出す。そのうえで、各リスクをどのようにコントロールすべきか、その方法についてケーススタディも交えながら説明し、最後に今後の展望について述べることとする。

第1節　AI導入による業務高度化

(1)　AIとは

AIとは、1956年のダートマス会議においてジョン・マッカーシーが初めて使った言葉であり、その後も多くの研究者によって研究が進められてきたが、研究者によってその定義は違っている。現に、AIの定義として、たとえば日本の研究者でいえば、公立はこだて未来大学の松原仁教授によれば「究極には人間と区別がつかない人工的な知能のこと」としているし、東京大学の松尾豊教授によれば「人工的につくられた人間のような知能、ないしはそれをつくる技術」としているし、京都大学の長尾真名誉教授によれば「人間の頭脳活動を極限までシミュレートするシステム」としている[1]。

このように定義はその人によって違うものの、「判断や予測、認識といった、人間が行うような知的な処理能力を有し、実行できるようにプログラム

1　松尾豊『人工知能は人間を超えるか　ディープラーニングの先にあるもの』（KADOKAWA）

されたツールやソフトウェア、システム」であるという点については、おおよその共通点として考えられる。また、そのプログラムを作成する際の材料としているのがデータであるということも共通点として考えられる。そこで、前置きが長くなってしまったが、本章では、「蓄積されたデータから一定のパターンや規則性を抽出して、このパターンに応じて予測、識別といった実行すべき知的な処理を自動的に規定し、稼働時はインプットデータと規定したパターンを照らしあわせてアウトプットとして何を実行すべきかを判断して実行するアルゴリズムが組み込まれたツールやソフトウェア。システム」としてAIを定義することとする。

このAIであるが、2つの大きな特徴があると考えられる。それが「自律性」と「適応性」である。ここで、「自律性」とは、人間が1から10まですべて指示することを必要とせず、与えられたタスクを実行する能力のことを指し、「適応性」とは、蓄積された経験から学習することによって、より自身の精度やパフォーマンスを向上させる能力のことを指している。通常、コンピュータや機械にタスクを実行させようとした場合、人間の判断や知性を必要とする。要は、人間によって設定されたもの、プログラミングされたものに限り実行できるのであるが、実はAIも例外なくこの範囲内にあると考えられる。しかし、通常のプログラムと違ってこれら2つの特徴をもっていることにより、AIはあたかも人間が行うような知的な活動を実行しているようにみえるのである。つまり、蓄積され続けるデータから与えられたタスクに対するパフォーマンスを向上させ続けながら、自律的に処理を実行するようにプログラムされているのである。

そして、現在のAIでは、人間が行うような、何かを「認識」したり、「予測」したり、「判断」する用途で活用されており、AIは図表6－1に示すような、多様な技術や手法によって実装されている。これらは世界中の研究者によって日々進歩し続けており、第4次産業革命のさらなる進展に大きく寄与していると考えられる。

図表6－1　AIを構成する技術例と用途例

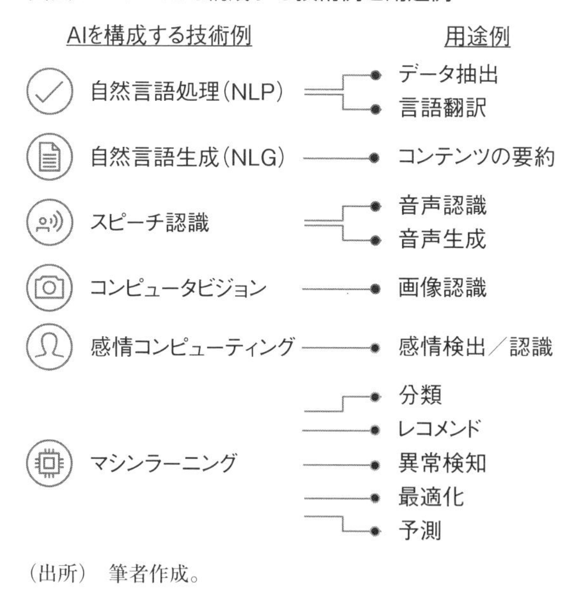

（出所）　筆者作成。

(2)　AI導入のプロセス

前述のような特徴をもつAIであるが、業務への適用においては、①企画立案、②PoC（Proof of Concept：概念実証)、③開発、④本番運用という4段階のフェーズを経ることが一般的であると考えられる（図表6－2参照)。

最初のフェーズである企画立案フェーズでは、AIを活用した、これまでになかった新規事業の展開や既存事業・業務の効率化などにかかわるビジネスプランの策定や企画化を行う。具体的には、新規事業・業務の展開の場合であれば、ビジネスモデルを0から構築する作業となり、どのような利用者をターゲットとして、どのようなサービスを展開することで、どのような価値を提供して、どれくらいの報酬を得るのか、期待するROIといった基本的なコンセプトやビジネス目的・目標を定めることはもちろんのこと、一連の業務プロセスのなかで何を人間が担当し、何をAIに任せるのか、両者の介在度合い・役割分担を含めた業務全体のデザインをすることになる。既存事

図表6－2　AI導入のプロセス

フェーズ	企画立案	PoC
概要	ビジネスの目的や、業務のなかでAIが担う役割を明確化する	実際にAIモデルの作成や、システム基盤や業務フローが業務適用可能か検証する
タスク例	■ビジネス目的や、期待するROIを設定する ■業務プロセスを検討し、ビジネスのなかにおけるAIの役割を明確にする ■AIに必要なデータの流れやシステム基盤などのグランドデザインの検討を行う ■PoCを通じて、本番運用に向けたAIの評価基準や確認ポイントを明確化する ■ビジネスリスクを検討する	■データを収集し、モデルを構築する ■モデルの精度検証や改善を実施する ■実業務へ適用した場合に、当初予定していたシステム基盤やモデルで業務に耐えうるのか、また業務適用にあたっての課題を洗い出し、PoC結果報告として取りまとめる ■必要に応じて、ビジネスプランの見直しを行う
完了要件	ビジネスプラン、およびPoCの実施計画が承認されること	修正されたビジネスプランが承認されること

（出所）筆者作成。

業・業務の効率化を目的とした場合においては、対象となる業務の課題がどこにあるのかを明確にしたうえで課題を解決するためにどのようなAIを活用していくのかといったことや、業務プロセスを見直してこれまでの業務のうちどこをAIに置き換え、その結果人間の配置やシステムの運用にどのような影響が出るのかといったことを検討する。そして、新規・既存に共通して、AIを開発するために必要なデータはどのようなものであり、そのデータをどうやって継続的に収集し、蓄積させていくのかといったデータマネジメント基盤も含めた、AIを稼働させる基盤の全体像やグランドデザインを策定していく。こうした企画立案フェーズにおいて主体となるのは自部門の業務をAIに置き換えることを検討している業務部門や、新規事業開発を担当する部門の担当者が担うことになる。具体化された企画は、ビジネスプラ

開発	本番運用
AIモデルを組み込んだシステムを実装し、安定稼働させるための運用設計を実施する	システムが安定稼働して、継続的に利活用されるよう、必要に応じて改善等を行う
■サービス展開に必要なシステム開発を実施する ■一般的なシステム運用に加え、モデルに必要なデータの質を保つための方法や、モデルの精度モニタリング方法、モデルの再学習の実施方法やモデルの入替えなど、AI固有事項を含めた運用設計を実施する ■運用担当者や利用者に対する教育を実施する	■利用者のサポートを実施する ■データやモデルに対する専門家のレビューや定常的なモニタリングや専門家のレビューを実施し、必要に応じて、モデルの改変や運用態勢の見直しを行う ■システムの利活用状況のモニタリングを実施する
システムのリリース判定にて承認が得られること	—

ンの実現性や期待されるROIなどを主な評価軸として、しかるべき意思決定機関や会議体を通じて予算と人員を投入してプロジェクト化する価値があるか判断されることになる。

次のPoCフェーズでは、フィジビリティのチェックを行うのが主目的となる。これまでの業務効率化に伴うIT化では、基本的には想定外の挙動が生じるようなこともほとんどなく、人間の制御が可能なIf-Thenで定義されたルールベースのシステムであった。一方で、AIを活用する場合は、AI自身が蓄積されたデータから導出した一定のパターンにのっとったルールであり、従来のシステムよりも多様な特徴量によって構成され、比較にならないほど複雑な場合も多い。そのため、人間の思考回路に近い挙動を実現することが可能であるが、変化し続けてしまうため人間が想定する範囲外の挙動を起こす可能性がある。このような特徴から、AIを業務へ適用する際は最初から本番運用となる環境を構築するのではなく、一度AIモデルのプロトタイプを作成したうえで、その挙動や判断精度などが業務に耐えうるものなのか、技術的な課題はどのようなところにあるのか、そしてそれらは解決可能であるのか、といったAIのつくりの部分について１つずつチェックする必要がある。

加えて、つくりの部分だけでなく、運用についてもチェックが必要である。まず、AIにはデータが不可欠であり、データの質がAIの質を左右するといっても過言ではない。そのため、継続的なデータの蓄積と質の担保を両立することができるのか、データマネジメントの観点での実現性チェックが必要になる。また、いわゆるMLOps[2]といった観点で、いかにAIモデルの更新を行っていくべきなのか、当初想定していた方法で運用が可能なのかといったこともチェックする必要もある。そして、そもそも適用しようと考えている業務に耐えうるのかといった観点で、人間とAIの業務介在度合いを見直す必要はないのか、AIの利用者が利用にあたって注意しなければならないことはないのか、などもあわせてチェックしていく必要がある。そうして、PoCを通じて企画立案フェーズで期待していたROIとの乖離がどれくらいあるのか、導入した際にROIが十分なものになりそうかを総合的にチェックし、意思決定機関や会議体にて報告を行う。これを受け、本番運用に向けて先に進んでいくのか、それとも本PoCフェーズでやめてしまうのか、一部修正を加えたうえでもう一度PoCを実施するのか、判断するのである。こうした作業の主体は、企画を立案した業務部門だけで対応するのではなく、データ分析やデータサイエンスを専門的に行う部門が加わり、両部門で役割分担を決めて進捗させていくことになる。

PoCフェーズを経て、実際に本番運用に向けてシステム開発等を行うのが次の開発フェーズになる。ここでは、PoCフェーズを経たAIを本番運用化

2　機械学習モデルの開発と運用の各チームが互いに協調しあい、実装から運用に至る一連のライフサイクルについて自動化も見据えて円滑に進めるための管理態勢を築くこと。

に向けてシステム化することになる。大枠では通常のシステム開発と大きな差異はないと考えられるが、本番運用フェーズに向けた運用設計、特にAIの生命線であるデータのマネジメント方針、モデル精度のモニタリングやモデル更新の頻度やその実施方法などについて、実現可能かつ盤石なものをきっちり検討しておく必要がある。

そして最後に、開発したシステムをリリースし、AIを利活用したサービスの提供を開始する。この本番運用フェーズでは、運用を進めていくなかでAIが陳腐化していないか（精度が落ちていないか）、想定外の挙動をするようになっていないか、当初の業務目的やKPIは達成しているのか、軌道修正が必要ないかといったことを継続的にモニタリングするだけでなく、場合によってはAIの改修やプロセスの見直しを行っていく。活動主体は、主にシステム運用部門が担うこととなり、企画を担当した業務部門やデータ分析部門が必要に応じて連携しながら担当することになる。

このように、AIを業務に適用する際は一般的には4フェーズを経て実施されることとなると考えられ、企画立案にて検討されたものを、つくりの面でも運用の面でも、フェーズを経ながら実現性と有用性を高めていくことになる。

(3) AI導入に関する最近の潮流

Deloitte Chinaのレポート[3]によれば、グローバルでのAI市場規模は2017年では7,000億USドルであったものが2025年には6.4兆USドルとなり、年平均およそ30%で成長し続けると予測されている。また、World Economic Forumの2019年のレポート[4]においても（図表6－3参照）、今後5～7年以内に業務へAIを導入する企業は、2017年時点を基準として2025年には累積で25%、2030年には120%程度までキャッシュフローが成長していくと予測

3　Deloitte China「Global Artificial Intelligence Industry Whitepaper—A roadmap to responsible innovation with AI in financial services」(2019)

4　World Economic Forum 2019「Navigate Uncharted Waters」

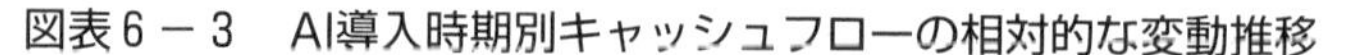

図表６－３　AI導入時期別キャッシュフローの相対的な変動推移

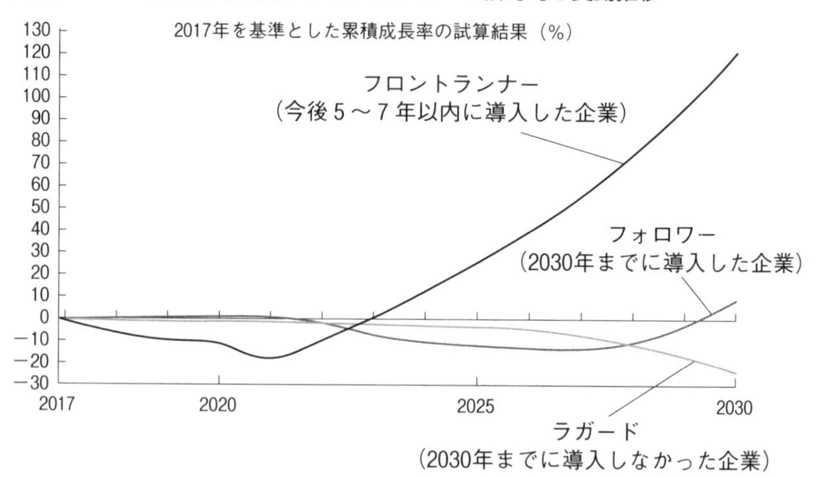

（出所）　World Economic Forum 2019「Navigate Uncharted Waters」

されているのに対し、2030年までに導入できなかった企業は2025年あたりから徐々にマイナス成長に陥り、2030年にはマイナス20%程度になると予測されている。こうしたレポートからも、中長期的にはAIは大きな利益を生むことが期待され、逆にAIなしで市場における競争に勝ち残っていくことは困難であることが示されている。

また、国内においては製造業をはじめとして、金融業や流通業、エネルギー、教育、医療・介護など、非常に幅広い領域での活用が進められており、事例も蓄積されつつある。システムやサービスの売上市場規模も、2018年度には約5,301億円の見込みであったものが、2030年には約２兆1,286億円規模にまで達すると予測されている[5]。

では、国内での実態はどうかというと、実はそれほど取組みが進められているわけではなく、2019年度に実施した企業におけるAI利用動向アンケート調査結果[5]によれば、有効回答数541社に対し、AIの利用状況について「すでに導入している」と回答したのが4.2%、「現在実証実験（PoC）を行

5　独立行政法人情報処理推進機構『AI白書2020』（角川アスキー総合研究所）
6　デロイトトーマツグループ「AIガバナンスサーベイ2019」

っている」と回答したのが4.8%、「過去に検討・導入または実証実験（PoC）を行ったが現在は取り組んでいない」と回答したのが1.1%であり、具体的な取組みに至った可能性がある会社はあわせても約１割程度にとどまっている。また、デロイトが2019年に独自に行った国内企業向けのサーベイ[6]（有効回答数172社）においても、およそ75%にのぼる企業がPoCフェーズにも至っていないと回答しており、これが国内の現況である。世界の先進諸国、特に米国や中国と比較すると大きく後れをとっていると考えられる（図表６－４参照）。

具体的な取組みが進まない主たる要因としては、AIやITに関する知見をもった人材が足りないというものから、ビジネス企画を実施する人材がいないなど、人材面による要因が大きなボトルネックとなっている。特にビジネス課題をテクニカルな言葉へ翻訳し、AI開発をリードできるような人材の不足は顕著である。ただ、ビジネススキルとテクニカルスキルを併せ持つよ

図表６－４　日本企業のAI利活用状況

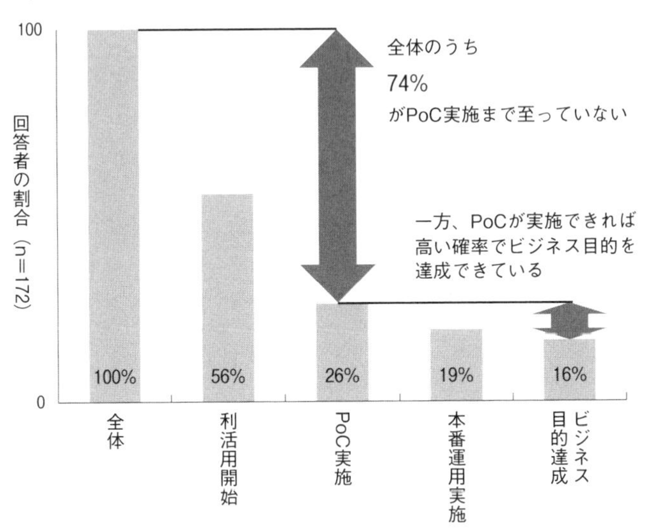

（出所）　デロイトトーマツグループ「AIの利活用とガバナンスに関する調査レポート」（2019）
https://www2.deloitte.com/jp/ja/pages/deloitte-analytics/articles/ai-governance-survey.html

うな人材は非常に希少であるのが現実であり、各企業は教育・育成・採用することが急務であると考えられるが、一朝一夕でそろえられるものではないため、社外から委託して集めたり、もしくはすべてを１人で対応するのではなく、複数のチームを組んで取り組んでいくことが求められてくるのである。

このように人材面での課題が大きな足かせとなって国内では思うほどAIの導入は進んでいないと考えられるが、それでも今後はAIなくして業務は成り立たなくなる世界がやってくることが容易に想定され、いまからAIをいち早く導入して安定稼働させることが競合他社を出し抜くことにつながり、先駆者的な企業は、５年度、10年後に大きな恩恵を得ることができると考えられる。ただ一方で、AI導入に向けた攻めの取組みだけでなく、これまではあまりなかったリスクにも立ち向かうといった守りの取組みも同時に求められる。しかし、先頭を走っているため前例のないリスクに直面することも考えられるにもかかわらず、この守りの取組みは攻めの取組みと比較するとおろそかになりがちであり、最近はその代償としてAI固有のリスクが顕在化することによって大きな代償を支払っているケースも見受けられるようになっている。リスクを正しく識別し、適切に対応することにも目を向ける必要性が増してきているのである。

このように、中長期的にはAIなしで成長することはおろか、存続することすらむずかしい世界になっていくことが予想されるため、攻めの取組みに注力していくことが求められると考えられる。一方で、AI固有のリスクへの対処という守りの取組みにもいま一度バランスよく目を向ける必要性が増してきた段階にあるともいえる。そこで、次節以降では、AI固有リスクの特徴と、そのリスクのコントロール方法について述べていくこととする。

第２節　AI導入に伴うリスク

業務や提供するサービス・商品にAIを活用することが少しずつ増え始め

ているが、いち早く利活用を開始した先駆的な企業の取組みにおいて、これまでは考慮されてこなかった類いのリスクが顕在化するケースも見受けられるようになってきた。具体的には図表6－5に示すようなものがその一部としてあげられ、たとえば不公平な判断ではローン審査において人種等の直接的に関係がないと考えられる要素によって金利が変わってしまうといったものがあげられる。このような問題が生じているのは、実は前述したAIのもつ自律性と適応性という2つの特徴や、AIの使い方に起因していると考えられる。

図表6－5　AI導入に伴うリスク

種別	内容
不公平な判断	AIが特定の性別や国籍等のグループに、不公平な判断を行うことにより、社会的非難を受けるリスク
知財・情報流出	外部に公開しているAIに大量の判断をさせ、その結果を基に知財（データ・モデル）が流出するリスク
人の身体や財産への危害	AIが誤った判断をすることにより、人の身体や財産に危害を加えてしまうリスク
プライバシー侵害	AIがユーザーを高度にプロファイリングすることにより、ユーザーの機微情報が推定され、プライバシーを侵害してしまうリスク
敵対的事例	AIに対し悪意のある入力を行い、判断ミスをさせることにより、事故を誘発したり、社会的非難を受けたりするリスク
契約トラブル	AIの開発を外部委託した際、学習データや学習ずみモデルの所有権で、トラブルになるリスク
不透明な判断根拠	AIの判断結果の根拠の提示を利用者から要求された際に、説明できないリスク
データ汚染	悪意の有無にかかわらず不適切なデータを学習させることにより、AIに判断ミスをさせ、事故を誘発したり、社会的非難を受けたりするリスク
精度劣化	時間の経過によりAIの予測精度が劣化してしまうリスク

（出所）筆者作成。

これまでのITシステムは、人間によって1から10まで設定され、OnとOffがはっきりしている単純で普遍的なIf-Thenのルールベースで挙動しており、人間の想定の範囲を超えた動作をすることはなかった。一方で、AIは自律性や適応性という性質をもっていることによって、人間と同じタスクを実行することになったとしても時に異なる動作をすることがあったり、収集・蓄積されたデータを用いて実施する自己学習を通じて人間からのインプットがなくてもシステムの変更ができたりするために、人間が予期しない挙動をすることがある。これに加え、採用している手法によってはアルゴリズムがすべてブラックボックスとなっており、人間がまったく理解できない場合もある。

また、人間でないとできなかった、状況に応じた認知や判断が必要になる処理も実行できるようになってきたため、人間から置き換わるような使われ方もするようになっている。つまり、人間が人間に対して提供していたサービスを、AIが人間にかわって人間に対して提供する形態へ変わりつつあるのである。

このように、特にサービスの形態が変化しつつあるなかで、新たにAI固有のリスクが顕在化しつつある昨今の状況ではAIを活用したサービスや商品の提供者が利用者との信頼関係を構築するためには、倫理面の考慮というのが大きなポイントとなってくると考えられる。AIが人間にかわって人間に対してサービスを提供するようになったことで、人間と人間とが信頼関係を構築するために必要となる共通の価値観やそれに基づく振る舞いというものが求められるようになったのである。

そこで本節では、このAIに求められる倫理について言及しつつ、そのうえで識別すべきリスクについて述べることとする。

(1) AI倫理について

近年、日本国内では、内閣府が発表した「人間中心のAI社会原則」に始まり、総務省の「AI利活用原則ガイドライン」、経済産業省の「AI・データの利用に関する契約ガイドライン1.1版」が制定されるなど、第４次産業革命後の世界に向けた規制の整備が進められている。こうした流れは日本だけにとどまらず、EUでは「Ethics guidelines for trustworthy AI」が2019年４月に発表されているし、米国では2019年２月に「the American AI Initiative」という戦略指針を示した大統領令が発令され、これに従って各種規制や法律の整備が進められている。そのほかにも、シンガポールでは、2020年に入ってAI利活用における自社のAIガバナンスの行動と要求事項を整合的に自己評価できるようなものをガイドラインの一部として世界に先駆けて整備した。このように各国政府や国際機関でもAI利活用にかかわる規制やガイドラインの整備が進められており、グローバルで展開している企業はこうした動きには敏感に対応していく必要があると考えられる。

こうした世界的な動きの根幹にある共通するものとして、EUではそのガイドライン名称にも直接的に表現されているが、AIに対する「信頼性」であると考えられる。前述のとおり、これまでのIf-Thenで表現されるシンプルなルールベースのプログラムとは違い、AIによって抽出されたパターンは、時に人間では解釈不能なものもあるほど非常に複雑なものであり、かつその判断にはある程度の自由度が含まれているため、常に同じ挙動をするとは限らない。その結果、時には人間の想定を超えた挙動をする場合もありうる。人間はミスをする生き物であるが、この予想外の挙動はあたかもAIが判断ミスをしたようにみえるのである。

一方で、人間がこれまで担当していた業務や意思決定等の作業をAIがかわりに実行することになるので、仕事を任せられる、信頼に足るものでなければならないのは想像にかたくないであろう。人間が他の人間を信頼するのは、実績もさることながら、接点における礼をふまえた振る舞いであると考えられる。この振る舞いの根幹をなすものが倫理であり、AIを利活用するにあたっては重要な考慮事項となると考えられる。状況に応じて臨機応変に対応することが求められるような業務も人間にかわって実行することになるので、人間に求められるレベルと同等のものが求められるのである。

こうした、信頼に足るAIに求められる倫理要素としては、以下のようなものがあげられる（図表6－6参照）。

① 基礎・基盤として求められる倫理要素

- Transparency……透明性
- Traceability……追跡可能性
- Privacy……プライバシー

② AIの判断に関連する倫理要素

- Robustness……頑健性
- Fairness……公平性
- Explainability……説明可能性
- Safety……安全性

③ AIの利用者との関係に係る倫理要素

- Accountability……説明責任
- Dignity……人間の尊厳

a 基礎・基盤として求められる倫理要素

人間が他者と接する際の立ち居振る舞いの基礎は、親から受けた教育に基づいて形成される。AIを開発して業務適用するに際してまず考えるべきは、

図表6－6 AIに求められる倫理要素のイメージ

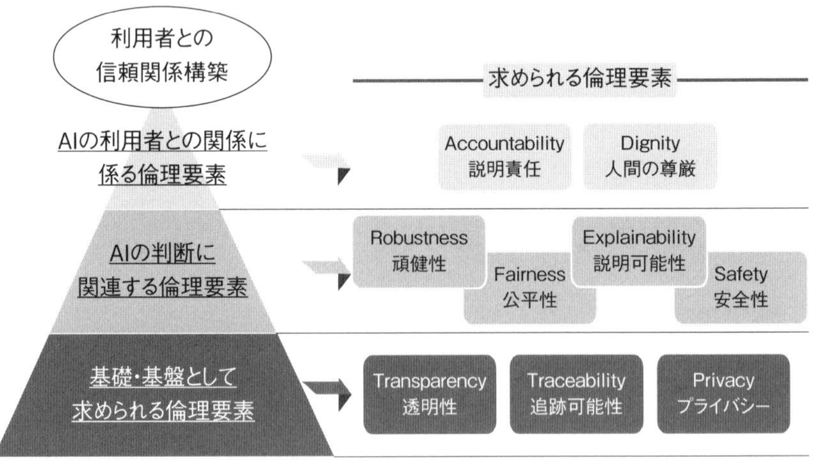

（出所） 筆者作成。

こうしたすべての基礎・基盤となりうるルールや基準、方針であると考えられる。こうした土台となるものを定める際に遵守すべき要素として、透明性、追跡可能性、プライバシーといったものがあげられる。

まず、透明性であるが、人間は駆け引きのなかで隠し事をすることはあるものの、人間は何かしら隠し事をされると、やましいことがあるのではと、他者に対して疑いをもつようになる傾向にある。こうした事態を避けるため、AIに当てはめてみると、開発・利活用に係るデータやアルゴリズム・ロジックなどの情報を適切に開示できることを指している。AI開発者側からすれば重要な知的資産に当たるため、その仕組みに当たるアルゴリズム、特にコアとなる部分を開示することは避けたいところではある。ただ、AIの利用者側からすると得体の知れないものを使うことになる側面もあり、求めに応じて一定程度開示できる準備をしておき、利用者に対して安心感を与えるためのメッセージを発信できるようにしておくことが必要になる。

また、追跡可能性であるが、人間が信頼関係を築くために実施していることの1つとして、他者の思考回路を理解することがあげられる。こういった観点で、AIの開発プロセスや学習の過程、実際の運用においてインプットに対してどのようなアウトプットがなされたのかといったことがなんらかの形式で記録されており、たどることができることを指す。これは、具体的には、開発されたAIがどのようなプロセスを経て、特にどのような検証・テストを経て本番運用に至ったのかということを明確にしておくことや、内部・外部からの監査への対応を可能にしておくということである。あまり表には出てこない要素ではあると考えられるが、なぜAIの最終的なつくりがそうなっているのかを把握し、いつでも開発者やAIを活用したサービスの提供者が行ってきたことに誤りがないことや健全性について、自信をもって主張できるように準備しておくことが必要になる。

続いてプライバシーであるが、これはもはやいうまでもないことであり、ある人間が他者のプライベートに入り込みすぎない、勝手に公開しないということになる。同様に、利用者や第三者の私的な情報、特に個人の特定に至るような情報について適切に取り扱うことを指している。日本では個人情報保護法、EUではGDPRが制定されるなど、近年は特に個人情報の取扱いに関して法整備も進められて非常に厳しくなっているが、データ収集時に提示した規約や締結した契約を逸脱するような利用をしていないかなど、情報の機微度合いにかかわらずデータの取扱いが適正であることが必要不可欠な要素となっている。とりわけ、AIはデータを材料にしてつくられるものであるため、材料の質を落とさないようにするといった観点においてもその取扱いが万全なものであるかということも、基本的なことではあるが最も重要な事項であることを忘れてはならない。

このように、人間と人間とで信頼関係を築くに際してのコミュニケーションスタイルにつながるような、透明性や追跡可能性、プライバシーといったものを考慮すべき要素として規定しておき、AIを開発したり、業務に適用するという一連の活動のなかで迷った際にはどこに立ち返ればよいのか、何を拠り所にすればよいのかをまず決定しておくことが重要である。

b　AIの判断に関連する倫理要素

人間が他者とコミュニケーションする際は、何かしら外部からのインプットを得て、自身のなかでそれに対してどのような反応をすべきかを判断し、実行に移すといった作業を実施している。会社としてAIを利活用するに際して次に考えるべきは、できあがったベースの上でどのような思考なり判断を実施するのか、内部のつくり・挙動に係る方針を検討する必要があると考えられる。

そのなかでまずあげられるのが、説明可能性である。人間にはインプットに対して何を感じ、どのように考えたからといった、行動の要因となった事項を、論理立てて説明を求められる場面がある。AIについても同様に、判断プロセスや判断根拠について簡易にでも説明できるように準備しておくことを指す。担当する役割や実行する処理の複雑性によるところもあるが、AIは常に正解を導出できるとは限らない。そのため、何かしらミスや誤りが発生した場合は、その要因やメカニズムに対する説明が求められる。これは人間による対応でも同様であると考えられるが、こうした有事の際に備えて確実に理解させられるような説明ができるよう準備しておく必要がある。

また、公平性という倫理要素も必須要件としてあげられる。人間は、性差別や人種差別、身体的な特徴等による不公平な扱いといったことはしないことが求められる。同様に、AIの判断結果が、特定のグループに不公平に不利益を与えないことを指している。実態としては、たとえばある決定を下すために使用した判断材料のなかに、どう考えてもその意思決定結果を左右する要因とはなりえないような要素が説明変数として使用されており、その変数の影響によって不当に差別的な判断をするといったことがないようにすることが求められるのである。近年、この差別的な判断が問題になるケースが顕在化しており、たとえば、人種によって住宅ローンの審査の通りやすさや再犯率の判定といったものについて明らかな違いがあり、なかには結果として訴訟に発展して、多額の賠償金支払い命令が下るというケースも存在している。住宅ローンであれば、審査依頼者の収入の安定性によって判断されているというのであれば合理的であると考えられるが、肌の色が直接的に審査結果に影響するというのは説明できない。いまだ、一部の人間のなかでもこうした差別的な感情や振る舞いは根強く残っており、確認されるつど排除されているが、AIも同様に差別的な振る舞いであると客観的に認識されてしまうような判断はしないように、つくりとして対応することが求められるのである。

そして、頑健性と安全性であるが、これらはセットで考えていく必要があると考えられる。まず頑健性であるが、人間でいえば、たとえば甘い誘いには乗らず、芯が通ったブレない姿勢だったり、臨機応変に対応できるといったことが信頼感につながると考えられる。これをAIに置き換えると、インプットデータに異常値やノイズが含まれている場合でも適切に判断できるように対策がなされていることを指す。よく機械学習の精度を測る基準の1つにあげられることが多いが、AIは既存のデータを学習してつくられているため、既存のデータの範囲から外れたデータに対してはどうしても不正確になる傾向にある。最近はDeep Learningに代表されるように画像認識の分野でも精度が飛躍的に向上しているが、一方で道路標識に少し落書きや加工を施したりするだけのちょっとしたノイズを加えるだけでまったく別の意味をもった標識として認識してしまったりする。こうしたノイズを学習時にすべて考慮することは不可能で、本番稼働時にはどうしても発生してしまうため、一定程度学習時に使用したデータの範囲外にあるデータが発生することをあらかじめ想定してAIのつくりを検討するということが必要になるのである。

こうした想定外のインプットデータに対する対応に加え、アウトプットとなる処理についても検討しておく必要がある。そこであがってくる観点が安全性である。いうまでもなく、他者を傷つけるような行為は敬遠されるのと同様に、人間の身体や生命、財産に危害を加えないことを指している。何度もいうように、AIは100％正解を導き出せるわけではないため、想定外の挙動をするような事態も十分に考えられる。そうした場合に備えて、なんらかのセーフガードを構築しておくことが必要になるのである。

AIを導入するということは人間がAIに置き換わることとほぼ同意であると考えているため、人間と同じ振る舞いをすることが求められる。そのため、育ってきた環境によって形成された人格のようなものが、品行方正なあるべき価値観のようなものにのっとって処理が実行されるようにつくりを検討し、実装することが求められるのである。

c　AIの利用者との関係に係る倫理要素

これまですべての根幹となる倫理要素やつくりにおいて考慮しなければならない倫理要素について述べてきたが、最後に実際にインプットに対してアウトプットする部分において、開発したAIを使う段階において考慮しなければならない２つの倫理要素について述べておく。

１つ目が、説明責任である。人間もある行動に対して説明が求められる場合があるが、その説明内容を考えているだけでなく、他者に対して考え等を理解してもらうためにアウトプットすることが必要になる。ここでは、AIのサービス提供者が、AIが下した判断についてそのメカニズムを理解し、そのうえでサービスの利用者の利益を損なわないように努めるということを指す。これには、利用者の求めに対してAIが利用者に対してなぜその判断結果を提示したのかというリクエストに対して万全に準備しておくという説明責任に加えて、利用に際した留意事項を説明しておくということも含まれている。利用者に提供しているサービスにおいてAIを使用していることを明瞭に伝えておくといったことや、そのサービスを利用するにあたってAIを活用していることによって発生しうる事象や考慮しておかなければならないリスクについて事前に理解させておくといったことである。こうして、一義的には利用者の利益保護ということに対する責任を果たすだけでなく、サービス提供者として責任を果たす範囲を明確にしておくことで、自身を守るという意味も併せ持っている。

そして、2つ目が人間の尊重という要素である。人間が他者と接するときにリスペクトが必須であると考えられる。これに対し、まさに内閣府の「人間中心のAI社会原則」にも記されているとおり、過度にAIに依存したり、人間の行動や意思決定を制限してしまい、利用者の人間性や価値観に基づく判断を無視するような事態に陥らないようにすることを指す。いくら人間のかわりであるといえども、あくまでもAIはツールの1つであり、最終的な責任はサービスを提供した人間や、誤った使い方をした人間がもたなければならない。今後、技術がより進歩することで、より高度で、より複雑で、より高精度に、そしてより精密にAIは処理を実行することができるようになり、人間でないと対応できない範囲は減っていくことでより人間に近づいていくと考えられる。そうなったときでも、人間の活動範囲を広げるようなパートナーや、より能力を発揮することを可能にさせるためのサポートとしての利用にとどめ、人間の存在を否定するようなことはあってはならないのである。

これら2つの倫理要素はAI利用者との接点における要素であり、これらを考慮しているかどうかで利用したAIに対する印象はまったく別のものになる。そこには、人間のかわりをする以上、人間と人間とがコミュニケーションをとるときと同様に、相手を尊重する姿勢・振る舞いが必要になるのである。

(2) AI固有リスク

デロイトにはデジタル化におけるリスクマネジメントのフレームワークとしてRisk and Control Frameworkと呼ばれるものがあり、ここでは大きく6つに分類されると考えられる。それが、①Operational Risk、②Financial Risk、③People Risk、④Strategic Risk、⑤Regulatory Risk、⑥Technology and Cyber Risk である。各人によって多少の差異はあるかもしれないが、これまで存在しなかった特別なものでもなく、またそれほど違和感があるような分類でもないであろう。

こうしたリスク分類に対し、AIを利活用する際に識別しなければならないリスクの分類に特別なものがあるかというと、それほど大きな差異はなく、上記6つの分類に⑦Algorithmic Riskを加えた7つのリスクの分類で考えるべきといった点が概観的な違いになるであろう。では、AI固有のリスクとは何なのかということであるが、これまでは識別時の判断材料に取り入れてこなかった倫理の要素が加わったシナリオから導出されるものがAI固有リスクであると考える。逆にいうと、倫理の要素が加わったことでリスクが変容しているだけであり、通常の業務上で発生しうるものなのか、規制上のリスクであるのかといった、最終的な分類自体に大きな変化はないと考えられる。

とはいえ、具体的にどのようなリスクが発生しうるのであろうか。ここでは上記7つの分類ごとに例示する（図表6－7参照)。

少し具体化すると、たとえば、株式トレーディングにおいて売買のアドバイスを行うAIを念頭に置いた場合、Operational Riskであれば他のAIも含めた売買注文と価格変動パターンを学習することで確実に利益が出るような行動をAI間でも認識し、それに基づいて行動を起こすようになることで、あたかも共謀して価格を操作するようなモデルが構築されてしまうことがあるかもしれないし、Strategic Riskであれば当該AIを従業員がサポートツールとして活用する場合においては、AIが提示した判断結果を吟味することなく、右から左へ横流しするだけになってしまうかもしれない。また、一般顧

図表6－7　AI固有のリスク

リスク	リスク例
Operational Risk	意図せず、AI間で共謀したかたちでの判断を行ってしまうリスク
Financial Risk	根拠がわからない判断結果に基づいて投資を行い、損失を被るリスク
People Risk	AIを適切に運用できるスキルが不十分、もしくは適した人材が確保できないリスク
Strategic Risk	AIの判断結果に依存しすぎてしまい、人間の検討を介在しない意思決定を行うリスク
Regulatory Risk	規制当局に対し、判断結果に関する正当性を主張できないリスク
Technology and Cyber Risk	脆弱性を突かれ、他の利用者情報を公開してしまうリスク
Algorithmic Risk	学習時のデータにバイアスがあり、不適切なアウトプットに基づいて意思決定がなされるリスク

（出所）　筆者作成。

客においては、このレコメンドAIがどのようなものであるかを理解することなく使って損失を被るといったケースも考えうるし、そもそも提供されているAIの開発時に使ったデータに偏りがあり、ほとんどのケースで適用するには不適切なものであったといったAlgorithmic Riskもあげられる。

このようにAIの振る舞いなどにかかわるリスクが固有リスクとしてあげられるが、大半はAIが起点になっているところを人間に置き換えたとしても発生しうるリスクであると考えられる点からも、特別に生じたまったく新しいリスクというよりは、既存のリスクが変容しているものであることが見受けられる。

第3節　AI固有リスクのコントロール

前述したとおり、AI固有のリスクとは、倫理要素を考慮に入れたことによって既存のリスクが変容したものである。

こうしたリスクをコントロールするにあたって、何が必要になるのであろうか。本節では組織で対応すべき事項と、個別のプロジェクトにおいて対応すべき事項に分けて、そのコントロール方法について述べる。

(1)　組織レベルでの対応

AI固有のリスクに対し、組織として対応しなければならないのは、まったく新しいプロセスを一から構築することではなく、AIを扱うことを考慮したプロセスへ既存のプロセスを強化することであると考えられる。つまり、AIにも対応したガバナンス態勢を構築することが必要なのである。

こうしたなかで何をやらなければならないかということであるが、主に以下の4つの軸で態勢を見直し、再構築すべきであると考える。

①　戦略

②　内部プロセス

③　人材

④　テクノロジー

まず戦略という視点であるが、ここではリスクアペタイトの見直しを実施すべきである。ここで、リスクアペタイトとは組織が事業遂行のために受け入れ可能なリスクの総量のことを指しているが、AIの導入により企業の全体的なリスク許容量は変化することはないはずである。ただし、AI固有リスクを考慮事項として取り込む必要があるため、その構成要素の相対的なバランスや管理するための手段等は確実に変化すると考えられる。よって、リスクアペタイトをリスクタイプごとに再検討する必要があり、ここには目標とするリスクの管理レベルだけでなく、リスクの効果的な管理や監視を実現するために必要なルールやポリシー、管理するための指標もあわせて見直す必要もある。

また、内部プロセスという視点においては、リスク管理プロセスの見直しが必要になると考えられる。一般的には、①リスクを識別し、②評価して、③統制として何を実施するかを検討し、④統制が有効に働いているかをモニタリングする(図表6－8参照)、というような4ステップで構成されている。前述したように、AIを導入したからといってリスクの分類等は大きく変わらないと考えられるため、これら4ステップをまっさらな状態にして新たに一から構築する必要はない。ただし、AI固有の考慮事項を念頭にリスクを識別し、対応を検討していく必要があるため、この新技術を取り入れることに耐えうるようにカスタマイズを加えていくことになる。たとえば、AIはこれまでのシステムと違って自己学習を重ねることで変化し続けるという特徴をもっているし、その活用方法も人間から置き換えて使われることが多い。こうした性質に端を発している倫理という要素の考慮に、より包括的で継続的なアプローチを組み込んでいく必要があると考えられる。

図表6－8　AIのリスク管理に関するプロセス

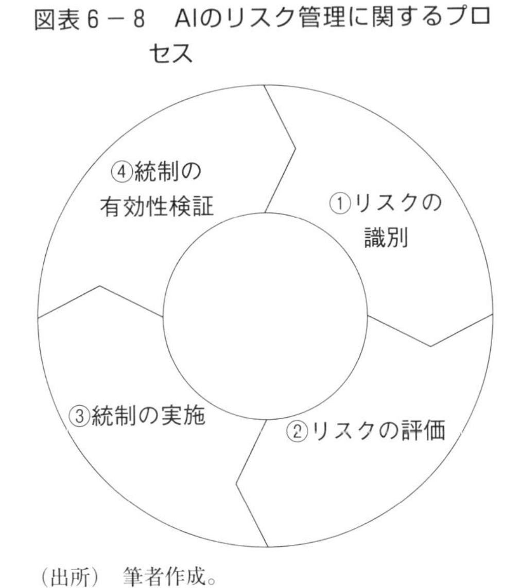

(出所)　筆者作成。

次に、人材という視点においては、役割と責任の再定義やAI専門組織の検討といったことが必要になると考えられる。AIの導入は第１節に示したようなプロセスを経ることが一般的であるが、本導入プロセスの実行にあたっては各タスクを実行する役割やその責任範囲を新たに定義することが求められてくる。また、AIを専門的に扱うための知見や経験をもった人材なくして導入を進めることはできず、専門的な新組織の構築も必要になる。適正にAI固有リスクを把握したうえで対策を行っていくような専門的な人材を確保する必要があり、攻めと守りの取組みを行える態勢を整備する必要があるのである。

そして最後にテクノロジー視点での対応になるが、ここではAIを稼働させる基盤やAI開発や保守に欠かせないデータを適正に管理できる基盤の整備といったことが必要になると考えられる。AIを活用したサービスを提供するにあたり、利用者から信頼を得るためには倫理面での考慮が必要であり、この倫理を実現できるための基盤が必要不可欠なのである。特に、個人情報保護法やGDPRといった法律に代表されるように、データを適正に監視してプライバシーという個人の秘密は絶対に漏らすことがないような仕組みが求められているし、AIを開発するにあたってもデータの質がAIの精度を左右するため、データを管理するための基盤にはより力を入れるべきであると考える。

このように、AI固有リスクへの対応として、組織レベルでは戦略や内部プロセスの視点においては既存のすでにあるものを見直し、必要に応じてカスタマイズしてくことが必要になる。また、人材やテクノロジーなど、リソースに係る部分については、専門的な組織や基盤などを別途設けていくことが必要になる。こうしてAI固有のリスクにも対応できるガバナンス態勢を整備していくことが求められるのである。

(2) 個別業務レベルでの対応

次に個別プロジェクトレベルでの対応についてであるが、こちらについては、組織として定められているルールやポリシーが反映されている標準化されたプロセスにのっとってプロジェクトを確実に進めていくことになる。第1節にてAI導入の一般的なプロセスについて説明したが、組織レベルで整備されたリスクの評価プロセスに従ってリスクの識別やリスクシナリオの検討を実施し、その結果に応じてリスクのコントロール方法を検討して実行に移すとともに、その効果を振り返るということを、AI導入のプロセスと並行して実施していくことになる。

具体的には、企画立案フェーズでまずリスク評価を行い、当初のビジネス計画から検討しなければならないリスクと、検討不要なリスクの振分けをし、検討対象となったリスクについてはリスクシナリオを検討する。そして、この検討したリスクシナリオについて、コントロール方法を検討する。

そして、次のPoCのフェーズに入って、実際に検討したコントロール方法に有効性があるかを検証する。加えて、PoCフェーズでは、当初計画していたAI自体の評価も行う。具体的には、本番運用するにあたって達成しなければならない水準を超えているかをチェックするとともに、実際にサービスや製品を提供するに際してAIに担当させる範囲を確定していく。この時点になると、企画立案フェーズで検討していたAIとは別物になっている可能性も考えられるため、本番運用に向けてリスクの再評価を行う。そして、識別したリスクについて開発フェーズや運用フェーズでのコントロールを計画する。

その後、開発フェーズでは、計画したコントロールのうち開発フェーズで実施すべきことを対応しつつ、その有効性をチェックして本フェーズ内でコントロールの再検討を実施して対応するものと、運用フェーズにて対応していくものとの仕訳を行い、それに従って実行に移していく。最後の運用フェーズでは、残った対応を実施していくとともに、ここでも逐次リスクの再識別を行って評価を行い、コントロールの検討と実施、効果検証を継続的に行っていく。

このように、リスク評価プロセスを各フェーズで継続的に実行していくことになるが、リスク識別において最も重要なことは網羅的にチェックを行っているかということである。ではどのようにこの網羅性を担保するかということであるが、まずやるべきはAIの基礎情報をまとめることである。どのようなターゲットに対して、どのようなサービスを提供して、どのような価値を提供するのか、といった目的に係るところから、どのようなデータを使って、どのような手法を適用してモデルを構築するのかといったことを取りまとめる。そのうえで、前節であげた7タイプのリスクの観点と、考慮すべき倫理観点のマトリクスを作成し、交点の一つひとつに対してチェックを行うことで、AI固有リスクに対する網羅性は担保できると考える。

(3) ケーススタディ

ここまでリスク識別において考慮すべき観点としての倫理要素や、その倫理要素を考慮したうえでリスクコントロールするために組織として実行しなければならないこと、プロジェクト単位で実行しなければならないことについて述べてきた。ここでは、実際にAIを導入するプロジェクトの想定ユースケースに基づいて、プロジェクトレベルで何をすべきなのかを述べていくこととする。

ケース1：ローン審査用AIの場合

まず、概要について以下に示す。

区分	項目	内容
利害関係者	サービスオーナー	融資部門
	運用部門	IT運用部門
	想定ユーザー	一般消費者
サービス内容	目的	借入利率や借入限度額の算出
	提供場所	インターネット
	運用の流れ	申込者がWebページにアクセスし、必要情報を入力、その情報に基づいてAIモデルが独自スコアを算出して、審査結果を申込者へ通知する
モデル	インプットデータ	氏名、年齢、性別、職業、年収など

モデル	インプットデータの機微度	個人情報を含む
	アルゴリズム／適用手法	独自の回帰モデル
	アウトプット	申込者のスコア、借入率および借入限度額
特記事項		特になし

こうした基礎情報をまとめたうえで、リスク評価プロセスを回していく。まず、リスク識別のステップにおいては、前述したとおりリスク分類と倫理要素を組み合わせて網羅的に検討を行う。たとえば、ここではAlgorithmic Riskについてみてみると、アウトプットにバイアスがかかっており、特定の地域に居住する審査申込者に対しては不当に限度額が低く見積もられたりするような公平性を欠く結果となっていたり、学習時のデータに偏りがあったために汎化性能が失われていたり、審査結果に対して不当に強く影響を及ぼす変数が存在することでそのアルゴリズムに関して説明ができないといったリスクが考えられる。

こうしたリスクに対し、次のリスク評価とコントロールの検討ステップでは、一つひとつのリスクに対する対応方針、つまりその発生頻度や顕在化時の規模に応じて軽減するのか、転嫁するのか、回避するのか、受容するのかを決定する。そのうえで、コントロール方法を決定していくとともに、コントロールが有効であるかを評価・チェックする方法を決定する。具体的には、先ほどのAlgorithmic Riskでいえば、地域ごとに集計した審査結果の分布のかたちが変わっていないかを定常的にモニタリングしたり、運用を開始してから審査結果に対するモデルを構成する各変数の貢献度や影響度の変化を定期的にチェックする、といった計画を立てる。

こうして立案された計画に基づいて、次のコントロールの実施フェーズにおいて実際に施策を実施し、最後に効果検証フェーズでコントロールが有効に働いていたかを検証する。検証の結果、うまくいっていると判断されればよいが、うまくいっていないと判断されるのであれば、なぜうまくいっていないのかその要因を分析し、今後に向けた改善の方向性を検討する。たとえば、地域ごとの審査結果分布であれば、単体では本当に偏っているかが判別しにくいので、説明変数に使用した年収と横並びでモニタリングするように修正するといった対応が必要になるのである。

ケース２：保険商品の新規契約獲得サポートの場合

まず、概要について以下に示す。

区分	項目	内容
利害関係者	サービスオーナー	マーケティング部門
	運用部門	IT運用部門
	想定ユーザー	マーケティング部門／営業部門
サービス内容	目的	保険商品別に新規契約の可能性が高い既存顧客の選出
	提供場所	社内Webシステム
	運用の流れ	マーケティング担当者や営業担当者が当該システムにアクセスし、売りたい商品を選択することで契約可能性が一定以上であるターゲットとすべき顧客の一覧を出力する
モデル	インプットデータ	氏名、年齢、性別、職業、年収、家族構成、商品属性情報、取引履歴、アプローチ履歴など
	インプットデータの機微度	個人情報を含む
	アルゴリズム／適用手法	独自の判別モデル
	アウトプット	顧客の一覧
特記事項		特になし

今回は「説明可能性」という倫理要素を軸にリスクの検討を実施することにする。

まず、AIからの出力結果は、マーケティングや営業の担当者が独自にメルマガやDM等によってアプローチを実施するか、代理店などに情報を連携して新規契約獲得を目指すといった使い方になると考えられる。これに対し、マーケティングや営業の担当者がモデルそのものや抽出根拠を理解しないままにリストを使用してしまうことで、たとえば代理店に対する説明が不十分になって代理店との間でトラブルになってしまうというOperational RiskやStrategic Risk、マーケティングや営業の担当者からは抽出根拠が現実と乖離していると判断されるような納得感がないものになっており、結果としてまったく活用されず、それまでの投資がむだになってしまうといったAlgorithmic RiskやFinancial Riskの複合的なリスクなどがまず考えられる。また、人材のスキル不足により、まったく判別のメカニズムが理解できていない担当者が利用してしまうというPeople Riskや、利用要件があるにもかかわらず要件を満たしていない担当者が利用してしまうといったRegulatory Risk、完全にブラックボックスなモデルでインプットからアウトプットに至る判別プロセスを推測すらできないといったAlgorithmic Riskなどがほかにはあげられる。

こうしたリスクに対し、まず利用者には利用前に必ず研修を受講させて代理店や顧客からの問合せに必ず回答できるよう理解醸成を図るといったことが、Operational RiskやFinancial Riskなど複数のリスクに対する施策の１つとして考えられる。また、モデルに適用する手法を見直してホワイトボックス化を図る、もしくはブラックボックスのままでモデルのつくりや判断根拠を類推させるXAI[7]ツールを活用するといった施策により、Algorithmic Riskの軽減や回避を図るというのも有効であると考えられる。

このようなかたちで、AIの基本情報を念頭に置きつつ、リスク分類軸と倫理軸を掛けあわせてAI固有リスクを網羅的に識別していくことが、AI固有リスクのコントロールを実現する有効な手段であると考えられる。

7　説明可能なAI（Explainable AI）を指し、人間がそのつくりを解釈・類推しやすいようなモデルとなるように構築したり、ブラックボックスになっているAIから出力された個別の予測の根拠に対する説明等にかかわる技術。

第4節　まとめと今後の展望

ここまで、AIを導入することによるリスクの評価、およびコントロールについて述べてきたが、AIだからといってこれまでになかったような、まったく新しい特別な対応が必要になるわけではない。大事なのは、AIの特徴を理解することであり、そのうえでこれまでのリスクが少し変容しているということを考慮していくことである。具体的には、人間に求められていたような倫理の要素を、AIを導入する際には明示的に検討観点として含めたうえでリスク評価を行うことであり、こうした評価を行うに際して適した態勢を整備することである。

2020年現在の日本国内では、AI導入に係る取組みについては検討段階である企業が多く、PoCなどの具体的な活動に至っている企業はまだ少ないことは述べた。ただ、AIを利活用することは成長にとって不可欠な要素であることは間違いないため、今後10年の間に業務に活用する企業はかなり増加すると考えられる。これに伴い、AIがより身近な存在になり、人間がAIを使役するというよりは、人間とAIが共生する時代、人間のパートナーとしてAIが存在する時代へと変わっていくであろう。これに伴って、本文のなかではあまり触れていないが、法規制面においてはAIを意識した新法の制定や業法の改正が進められると考えられる。

こうした変化を推進している第4次産業革命はまだまだ続くと考えられるし、人間との関係性やAIを取り巻く環境が変化し続けていくなかでも確実に成果をあげていくためには、新しい技術を取り入れるような攻めの取組み一辺倒にならず、変化をいち早く察知し、変容するリスクを正確にとらえて、守りの取組みにもバランスよく取り組んでいくことが肝要なのである。

第 7 章

非財務リスク管理の ケーススタディ

非財務リスク管理には、信用リスク、市場リスク等の財務リスク管理のような定型的なリスク管理手法があるわけではなく、また、各金融機関の規模、リスクプロファイル、ステークホルダーとのかかわり方、さらには、過去の事故事例の経験なども関係し、これまでのところ、ベストプラクティスと確実にいえるものはないと考えられる。しかしながら、各金融機関ではユ

図表7－1　非財務リスクのサブリスクカテゴリー（例）

<table>
<tr><th colspan="3">リスクタイプ</th><th>リスクカテゴリー</th></tr>
<tr><td colspan="3" rowspan="4">財務リスク</td><td>信用リスク</td></tr>
<tr><td>マーケットリスク</td></tr>
<tr><td>銀行勘定金利リスク</td></tr>
<tr><td>流動性リスク</td></tr>
<tr><td rowspan="16">非財務リスク</td><td rowspan="10">従来のオペレーショナルリスク</td><td rowspan="7">RWA計量対象</td><td>事務リスク（業務委託リスク、外部委託リスク）</td></tr>
<tr><td>システムリスク</td></tr>
<tr><td>情報セキュリティリスク・ITリスク</td></tr>
<tr><td>法務・リーガルリスク</td></tr>
<tr><td>コンプライアンス・リスク</td></tr>
<tr><td>有形資産リスク</td></tr>
<tr><td>人的リスク・労務リスク</td></tr>
<tr><td rowspan="3">RWA計量対象外</td><td>戦略リスク</td></tr>
<tr><td>レピュテーショナルリスク</td></tr>
<tr><td>規制制度変更リスク</td></tr>
<tr><td colspan="2" rowspan="6">新たなリスク（例）</td><td>コンダクト・リスク</td></tr>
<tr><td>サイバーセキュリティリスク</td></tr>
<tr><td>サードパーティー・リスク</td></tr>
<tr><td>デジタルリスク</td></tr>
<tr><td>モデルリスク</td></tr>
<tr><td>その他</td></tr>
</table>

（出所）筆者作成。

ニークな取組みもみられ、ここでは、実際に他行で取り組まれているケースをご参考として紹介してみたい。

なお、海外の大手銀行の例としては、英国のバークレーズ銀行を取り上げ、コンダクト・リスクを含め、既存のAMAを発展させたストラクチャードシナリオ分析を活用している例として紹介したい。また、邦銀の例としては、RAF活用に積極的に取り組んでいる、ふくおかフィナンシャルグループ（FFG）を取り上げ、非財務リスク管理をRAFと関係づけることにより、リスク管理のみならず経営も巻き込んだ全行的な管理態勢として非財務リスク管理にRAFを有効活用する例として、参照したい。さらに、百五銀行を取り上げ、人材活用とデジタル化を同時に進行させるべく、シニア人材活用による非財務リスク管理の専門家育成への取組みについて紹介したい。そのうえで、AIを活用した先駆的な取組みの例として、りそな銀行を取り上げ、決算情報を活用せずに、AIが顧客の預金口座情報のみを基に信用力を判断するサービスへの取組みについて触れてみたい。

第1節　バークレーズ

(1)　背　　景

英バークレーズ銀行グループは、HSBC、RBS、Lloyds TSBと並び英４大商業銀行の１つだ。2008年のグローバル金融危機の際には、比較的傷が浅く、RBS、HBOS（後に、Lloyds TSBグループに買収）、Lloydsが公的資金の注入を受けたのに対して、バークレーズは自力でマーケットにおいて資本調達して底力をみせつけた。それどころか破綻したリーマンの北米部門を買収する等反転攻勢に出ていた。

しかし、2012年に発覚したLIBOR（ロンドン銀行間取引金利）不正操作問題で、バークレーズのマーケットでの信用は大きく傷ついた。これにより当時のボブ・ダイアモンドCEO、マーカス・エイジアス会長は辞任に追い込まれ、マーカス・エイジアス会長の後任には、英FSAがRBSの経営危機に関する報告書を作成した際に、審査責任者として活躍したサー・デービッド・ウォーカー氏が就任した。いわば、経営トップに当局側の人材を当てて梃入れを図ったともいえる。

なお、LIBOR不正操作問題とは、国際的な基準金利として利用されているLIBORレートの算出の際に、取引レートの報告義務がある主要行のトレーダーが結託してレートを自らに有利な方向に操作していた事件である。英国内外の指定された銀行16行が取引金利（例：ポンド建て）を申告し、上下4行を除いて中間の8行の平均を算出する仕組みだ。このため、当然、バークレーズ1行であれば、8分の1しか影響力を行使できないが、残りの主要行も結託していたということになる。バークレーズはこのなかでも特に主導的な役割をしていたとされている。しかも、2005年から2009年の長期にわたって不正が行われていた。これによりバークレーズは英米当局に4億5,000万ドルの罰金を支払ったほか、バークレーズを含め、不正に関与した欧米大手金融機関11社[1]で合計147億ドルの罰金、訴訟費用を払ったとされる（モルガンスタンレーの推計による）。

バークレーズは、罰金を課された後に、自律性を保つため、自らが設立した第三者委員会でビジネスプラクティスの見直しを行った（Salz Review）。そこでは、バークレーズが急成長を遂げるなかで、顧客利益よりも収益追求に偏ってきたリスク文化に問題があったとしている（Cultural shortcomings）。

⑵　取組内容

こうした背景をふまえ、すでに構築していたRAFの改善とともに、ガバナンス態勢の見直し、コンダクト・リスクやレピュテーショナルリスクの責任部署・委員会の明確化（レピュテーション委員会の設立）、さらには、トッ

1　11社は米系ではBank of America、JP Morgan Chase、Citi group。欧州系ではCredit Suiss、UBS、Deutsche bank、Societe General、RBS、HSBC、Lloyds、Barclays。

プダウン型でのリスク文化の浸透といったガバナンスの強化が実施された。

リスク委員会は、堅固なリスク文化の確立を目指して、足許の2019年には、①リスクアペタイトとストレステスト、②資本と調達、③政治的・経済的リスク、④信用リスク、⑤オペレーショナルリスク、⑥モデルリスク、⑦リスク管理枠組みとガバナンス、⑧報酬制度、⑨コンダクト・リスクの９つに焦点を当てて議論している。

なお、このなかでオペレーショナルリスクへの取組みに特色がある。通常のRCSA（Risk Control Self-Assessment：統制リスク自己評価）のほかに、SSAs（Structured Scenario Assessment：構造シナリオ分析）の２つを駆使して、リスクの洗出しを実施している。RCSAは、各部署から通常業務全般にわたってリスクとそのコントロールの状況を確認し、残存リスクを認識するものだ。バーゼルⅡのオペレーショナルリスクの管理枠組みで導入されたもので、この洗出しを基に、AMAのシナリオ分析につなげる流れになる。

SSAsは、RCSAを補完するもので、通常業務ではなく、もう少し極端なケースで起こりうるシナリオを想定する。AMAのシナリオよりは、頻度が高くて起こりやすいシナリオを中身に立ち入り、構造的な分析をするイメージだ。2019年にはコンダクト・リスク関係では、商品不正販売シナリオを、コンダクト・リスク関係以外では、顧客データ保護、サプライヤーの破綻シナリオを、それぞれSSAsで分析している。これは、LIBOR不正問題での反省をふまえ、経営が関心のあるシナリオ・事象は、網羅的なRCSAだけではなく、構造的な要因まで掘り下げたうえでリスク認識を高めるための取組みといえる。

SSAsの具体的なイメージとして、トレーダーの不正シナリオを例にとると、シナリオをいくつかの構造的な要因に分解することから始まる。まず、シナリオ分析の基となる当該リスクへのExposureは何かというと、単純にトレーダーの数だ。均等に不正を起こす確率があるのであれば、トレーダーの人数でリスク量が変わることになる。次に、考える要素は、トレーダーが不正を起こす確率だ。これは過去の内部の不正発生データのほか、外部の同様の業務形態の先がどの程度の頻度でトレーダーが不正を起こしたかも参考になる。さらに、損失の想定額を推計する必要がある。トレーダーが不正を起こして、そのポジションを解消するためにかかったコストということになる。トレーダーがもてるポジションのサイズと不正発見にかかる時間等は既存のシステム上、リスク管理上のコントロール状況から推計できる。さらに、カウンターパーティーや決済機関の取引限度等、外部のリスク抑制的な要因も考える必要がある。発覚してから、実際にマーケットでポジションクローズする間までのマーケットの動きも考えなくてはならない。不正が発覚することでマーケットが大きく動く場合もあり、これも過去の事例などに照らしてストレスをかけて保守的に計算する必要があると考えられる。こうして得られたトレーダーの不正シナリオの頻度と損失額を基に、リスク量配賦やストレステストに活用していくことになる。

(3) 特徴・活用

AMAのシナリオ分析を活用した内部モデルによる規制資本計量は、2023年に廃止され、ビジネス規模と損失実績の組合せで計測する新標準手法（SMA）の適用が予定されている。このようななか、バークレーズのようなSSAsによりRCSAを補完するものとして活用することは、いわば、AMAで蓄積されたノウハウを内部リスク管理で活用しようというものともいえる。

これは、AMAのユーステストの内部リスク管理への活用という面でも同様と考える。すなわち、SSAsで分析した内容を、内部管理のリスク量として第２線から現場（第１線）に還元することで、内外を含めたコントロールの強化を考える機会となる。第１線で強化を実施することで、リスク量が削減され、第１線におけるコントロール強化のインセンティブが生まれることになる。AMAの利点である計量、コントロールを回して好循環な仕組みを内部リスク管理に導入しようとするものだ。さらにいえば、内部リスク管理上のリスク量削減をKRIとするなどパフォーマンスを測る指標として活用することも可能と考える。

SSAsは非財務リスク全般で考えることが可能だ。分析ノウハウが金融業界全体で共有もしくはマーケットスタンダードとなれば、実はAMAとの親和性もあり、非財務リスクの定量化手法の一番の近道かもしれない。しかし、そのためには、新標準手法で計算するオペリスクの規制資本とSSAsを活用して計算した内部管理用のリスク量との差異、および、差異が生じる要因等の分析が必要であろう。さらにいえば、AMAと同じ失敗をしないために、SSAsに基づくリスク量計量の安定性や、シナリオのバックテスティングなど計量の検証にも十分配慮する必要があると考えられる。

第2節　ふくおかフィナンシャルグループ

(1)　背　　景

ふくおかフィナンシャルグループ（FFG）は、九州を地盤とする3つの銀行（福岡銀行（福岡県地銀）、熊本銀行（熊本県第二地銀）、十八親和銀行（長崎県地銀））や証券子会社等を傘下に抱える地域金融グループであり、積極的にRAFに取り組んでいる点で特色がある。グループ会社傘下の各行の文化が存在するなか、グループとしての一体性確保の観点からもRAFの推進が必要だった面があるのではないかと考えられる。また、地銀グループとしては初めてネット専業銀行の開業（2020年度中予定）を目指すなどユニークな戦略をとっている。

FFGでは、2016年度からの中期業務計画（3カ年）から態勢を整えるべく、2015年10月からRAFへの取組みを開始し、最終的にRASとして取りまとめたのは2018年3月と相応に時間をかけてRAFの態勢整備を推進した。RAFを「攻めのリスク管理」を実践するための手段として位置づけ、RA方針は、リスクカテゴリーごとに、とるリスクととらないリスクを明確化したものという位置づけだ。リスクカテゴリーは6つあり、統合的リスク、市場リスク、信用リスク、流動性リスク、オペレーショナルリスク、コンプライアンス・リスクとしている。特に6つのうち、2つが非財務リスク管理に関するものであり、非財務リスク管理への意識の高さとバランスのよさがうかがえる立て付けとなっている。なお、RAFにおける主な構成要素として、グループ経営理念、長期ビジョン、基本方針、リスクカルチャーの4つをあげており、非財務リスク管理の観点からは、リスクカルチャーをあげて、健全性の確保と収益追求の両立により持続可能なビジネスモデルの確立を目指している点も注目される。

(2) 取組内容

RAFの枠組みのなかでのリスク量配賦では、信用リスク、市場リスク等はVaR値で行っているが、オペレーショナルリスクについては、規制資本（バーゼル規制上の粗利益配分手法）により実施している。いわば、リスクキャピタル管理をベースとした内部管理を中心として、これに不足する部分を規制資本管理で補うようなかたちである。

モニタリングしているアペタイトの定量指標は、統合的リスクカテゴリーでは、自己資本比率、ROEなどの資本健全性、収益性の比率であり、市場リスク、信用リスク、流動性リスクは、従来の統合リスク管理の枠組みでモニタリングしてきた指標を継続してモニタリングしているようなイメージである。オペレーショナルリスクやコンプライアンス・リスクも同様であり、オペレーショナルリスクでは重要な事務リスク事象発生件数などを、コンプライアンス・リスクでは商品毎の苦情発生件数などをリスクアペタイトのモニタリング指標としている。

非財務リスクをこうした定量指標で管理する場合によく議論となるのが、リスクアペタイトをどこに設定するかである。たとえば、上記の重要な事務リスク事象発生件数も最低限度ここまでの件数まで許容するというミニマムトレランスの考えなのか、いっさい、リスク事象発生は許さないというゼロトレランスの考えで設定するのか、という議論である。FFGでも、オペレーショナルリスクは、他のカテゴリーと異なり基本はゼロトレランスであるため、リスクアペタイトをどう考えるかは整理する必要があると考えている。

たしかに、経営として、ここまでの事務ミスを許すというのはなかなか判断がむずかしいところである。しかしながら一方で１件事象が起きたらアペタイトブリーチとして扱い、その後何件ブリーチが起きても同じブリーチ扱いでは、現場でコントロールしようとするインセンティブが減退し、アペタイトとして実態的に機能しない可能性もある。そこで、同じ事務リスク事象といえども、その重要性はもちろんだが、実態的な管理・コントロールも考えてゼロトレランスとミニマムトレランスを分けて考える必要があろう。たとえば、内部の不正事象にしても、グループ会社の従業員はゼロトレランス、外部委託者の内部不正事象であれば、従業員程には管理が及ばず契約を介しての管理となるのでミニマムトレランスとする、などだ。ミニマムとする場合にも何件に設定するかは、極力、外部の事例などを参考にどこまでを許容レベルとするかを明確に目線とする必要がある。

⑶ 特　　徴

ここで重要な点は、FFGは、リスクカルチャーの醸成をRAFの主要な要素と位置づけたうえで、非財務リスクにもかなりウェイトを置いたかたちでリスクアペタイトを構成するリスクカテゴリーとしてとらえている点だ。

リスクアペタイトと従来の規制資本管理との違いとしてよくいわれていることが、リスクアペタイトは、資本のみならず、収益性、流動性、非財務リスクにも対象範囲を広げていることである。FFGのRAFの枠組みはまさにこの特徴をよくとらえている。従来であれば、こうした非財務リスク管理の状況は、統合的リスク管理の一環として、執行側で経営会議やリスク委員会に状況を報告し、あまり審議対象とはされてこなかったと思われる。しかしながら、RAFの枠組みのなかで位置づけられることにより、経営戦略、財務戦略といった大きな枠組みのなかで経営目標・財務目標として審議され、さらに、リスクカルチャー・企業カルチャーとの整合性や関連性もふまえて、非財務リスクも重要な要素としてしっかりとらえられることになる。また、アペタイト指標として、経営レベルで審議され、定期的に管理・モニタリングされることになる。さらに、執行側のみではなく、監督側の取締役会のレベルまで議論が及ぶことになる。

このようにFFGの例では、おそらく非財務リスク管理の手法そのものは従前の統合的リスク管理と大きな変化はないとみられるが、RAFの枠組みのなかでしっかりと位置づけられ、経営戦略・財務戦略の一環として、また、リスクカルチャーを醸成するうえでの重要な要素としてとらえられることにより、その重要性が格段に増し、よりハイレベルで議論されることになった点が特徴といえる。

第3節　百五銀行

(1) 背　　景

百五銀行は、三重県の地方銀行で「フロンティアバンキング」を標榜している。1878年創業という長い歴史を有しており、その名のとおり、明治時代に国立銀行として105番目に設立された銀行だ。創業以来、同行の経営理念を支えてきた商人の哲学に基づき、顧客との信用を大切にしつつ、創造力あふれる銀行でありたいという決意を込めた言葉だ。中期計画（2019年４月～2022年３月）では、「収益構造改革」「組織・人材改革」「IT・デジタル改革」の３つの改革に取り組み、顧客と地域の未来を切り拓く「デジタル＆コンサルティングバンク」の実現を目指している。ここでは、長い歴史を基に培われた企業カルチャーを背景にして、人材活用とデジタル化を同時に進行させるべく、シニア人材活用による非財務リスク管理の専門家育成への取組みを取り上げたい。

百五銀行の企業理念は明確だ。銀行の使命、経営、行動の観点から、「信用を大切にする社会を支える」「公明正大で責任ある経営」「良識ある社会人として誠実に行動」の３つをあげている。この企業理念をつくりあげた川喜田貞久元頭取は、同行は当時社風や文化はあったものの、社是がなく、行員に元気になってほしいという発想から始めたといっている。このため、上から示達というイメージの経営理念という言葉ではなく、あえて企業理念という言葉にしたそうだ。川喜田氏は、当時、「言論の自由は保証するから何でもいいなさい」と、すべての行員に議論を促し、下からの意見のくみ上げに注力した。偉い人の顔色をみる文化を壊し、新しい企業文化を伝播させるために、この企業理念をつくりあげた[2]。

こうした風通しのよい企業風土が優秀な人材を引きつけ、専門的な分野における非財務リスク管理の人材をオーガニックに育成していくことにつながるものと考える。

(2) 取組内容

百五銀行では、信用、市場、流動性の財務リスクはALMリスク管理委員会で、非財務リスクはオペレーショナルリスクとして、オペレーショナルリスク管理で報告・審議される。オペレーショナルリスクのカテゴリーは、事務、システム、情報資産、人的、有形資産、風評、倫理・法務、その他に分かれる。非財務リスクのうち、同行では、特に、事務、ITの分野についていわゆるスペシャリストを育成している。専門性が高く、すべての行員が深い理解をするということが困難なため、計画的に人員配置を行って育成するようにしている。たとえば、IT部門から、IT監査部門へ計画的な異動を行い、長期的に組織全体としての最適な人員配置を実践している。また、上述した風通しのよい企業風土の醸成という背景もあり、この分野のシニア層は、各専門領域の切り口から行内全体を俯瞰してみることにより、経営層メンバーへ直接助言をできる関係性を築き上げている。

これは、また、オペレーショナルリスク管理そのものの底上げにも貢献しているとみられる。しっかりとした事務リスク管理、システムリスク管理を行うことで、CSA（統制自己評価）を全行レベル、部店レベルで着実に実施

2　渡邊明「百五銀行相談役（元頭取）川喜田貞久氏講演－コーポレートガバナンスとは」（2008年3月、三重大学法経論叢25巻5号）123～137頁。

し、コントロール評価やシナリオ分析等を通じて内部管理において、先進手法（AMA）に準じたオペリスク量（VaR）を計量しているほか、他行のオペリスクデータを集めた「共同DB」を活用して、他行比較による事務やシステムの自行の強み・弱みの特定や潜在リスクの洗出しにつなげている。たとえば、他の地銀と比較して行内全体のサイバーセキュリティ対応の遅れがあると判明した場合に、システムリスク側から経営に対応を促し態勢整備につなげるということも考えられる。

(3) 特　　徴

非財務リスク管理は、インフォメーションテクノロジー（IT）の進化等環境変化をふまえて生じるものもあり、常にキャッチアップが必要だ。このため、こうした分野の専門家をオーガニックで育成していくのは重要なことだ。特に、専門家が風通しよく経営者に伝えるというのはポイントで、百五銀行の長い歴史としっかりとした企業理念に基づいて実現しているものと考える。

また、別の観点からは、行員の構成要素やモチベーションを考えると、オーガニックに特定の分野の専門人材を戦略的に育てていくことは、人材の活性化、行員の組織帰属意識の向上等の点からも有効と考える。各銀行とも、90年代のバブル採用等により、行員の年齢構成に偏りがあり、若手とシニアの構成に難を抱えているからだ。シニア人材をその道のプロに仕立てあげつつ、いわゆる弟子を育てて次につなげていく、ドイツのマイスター制度のようなイメージだ。百五銀行の取組みは、シニア人材活用、企業カルチャー醸成、非財務リスクの専門的な管理とをうまく結びつけた好事例といえよう。

第4節　りそな銀行

(1) 背　　景

りそなグループの経営理念は、「創造性に富んだ金融サービス企業を目指し、①顧客の信頼に応える、②変革に挑戦する、③透明な経営に努める、④地域社会とともに発展する」ことにある。本章でのりそな銀行の例は、まさに、この経営理念に沿うかたちで実行している、AIを活用した与信判断の例として取り上げたい。

りそな銀行の前身の１つは大和銀行であるが、大和銀行は、1995年にニューヨーク支店で巨額損失事件（1995年）[3]を起こしたことにより、米州撤退に続き、国際業務からの撤退を余儀なくされた。その後、国内の個人や中小企業を主要な取引対象とし、親密な地方銀行をグループ内に取り込む「スーパーリージョナルバンク」構想を打ち出し、ほかとは一線を画する戦略で業績回復を図った。関西金融界の安定のため、近畿大阪銀行の統合（2000年に近畿銀行と大阪銀行が合併）を主導したほか、なみはや銀行の営業譲受などもその一環だ。さらに、2001年に大和銀行は、近畿大阪銀行、奈良銀行とともに、金融持株会社大和銀ホールディングスを設立した。2002年には、あさひ銀行が同持株会社の傘下となった後、2003年にあさひ銀行[4]の埼玉県内の営業拠点と資産を埼玉りそな銀行に会社分割し、残ったあさひ銀行は大和銀行と合併するかたちで、りそな銀行が設立された。

しかし、発足直後の2003年に繰延税金資産の扱いをめぐり決算監査が遅延する異常事態となり、これを契機にりそな銀行の自己資本比率が国内基準の４％以下の２％台に転落する可能性が生じた。その結果、政府による、約２

3　米国債の簿外取引により11億ドルの損失を出し、FRBから３億4,000万ドルの罰金と米国からの完全撤退の処分が下された。

4　あさひ銀行の前身は、協和埼玉銀行であり、1991年に都銀で中小企業、個人を顧客対象としていた協和銀行と埼玉県をカバレッジとする地銀の埼玉銀行の合併で誕生した。その後、1992年にあさひ銀行へ名称変更。

兆円に及ぶ公的資金注入が実施されたほか、経営体制も外部企業からの経営者招聘による経営刷新、委員会等設置会社への移行等が実施された。その後、2015年に公的資金を完済し、現在では、りそなホールディングスの傘下には、りそな銀行のほか、埼玉りそな銀行、関西みらい銀行[5]、みなと銀行[6]を有している。埼京地区と京阪神地区に営業拠点が集中し地域セグメントが明確だ。また、前身の大和銀行時代から信託併営を継続しており、伝統的に信託業務に強みがあるのも特色の１つだ。

信託併営によるノウハウの積上げでプロダクツに強みがあるかもしれないが、りそな銀行では、AIが顧客の口座の入出金データを基に信用力を判断する中小企業向けのオンライン融資を行っている。第６章のケース１で、ローン審査用AIの例をあげているが、AIモデルがスコアリングの対象とするのが、決算情報ではなく、口座の入出金データである点に特徴がある。豊富なリテールのデータと与信経験に裏打ちされてのことと考えられる。AIの活用というと、どうしても業務の効率化が真っ先に要因として思い浮かぶが、りそな銀行は、上記のような複雑な経緯をたどって現在に至っており、この過程で、国内集中、地域との密接、手堅い経営運営などの特色を有するようになったと考えられる。このため、より強固な与信判断に資するとの考えや顧客利便に資するとの考えも反映したものと考えられる。

(2) 取組内容

りそな銀行は2020年１月から、オンライン完結型の貸出商品りそなビジネスローン「Speed on!（スピードオン）」を開始した。これは、りそなに口座を開設している中小企業を対象とした商品で、AIが顧客の口座の入出金データを基に信用力を判断する仕組みだ。入口の与信判断で決算情報を活用せず

5　近畿大阪銀行は、2019年４月に関西アーバン銀行と合併し関西みらい銀行が成立。なお、奈良銀行は、2006年にりそな銀行に吸収合併された。

6　2017年12月に、近畿大阪銀行、関西アーバン銀行（両行は上述のとおり、2019年４月に合併し、関西みらい銀行へ）とともに、関西みらいフィナンシャルグループ（りそなホールディングスの中間持株会社）の子会社となる。

に[7]、AIが入出金データから取引先数や入金頻度の安定性などから判断する、画期的な取組みだ。AIモデルは、全国52の信用保証協会を中心に構成される一般社団法人CRD協会（Credit Risk Database）のノウハウも活用して、共同開発したものだ。2017年度から、同協会との共同研究により、預金口座情報のみを情報源として、AIを活用してデフォルト先を早期に探知するモデルの開発に取り組んでおり、モデルの実際の精度も確認してきた。預金口座情報は、顧客の生の情報であり、決算情報よりも即時性が高いうえ、開示内容の粒度も細かい。大量のデータを分析するには、従来の審査方法では限界があり、AIの活用余地が高い領域だ。

しかし、実際のモデル化にはいろいろハードルもある。CRD協会では、「データ量の大きさ」「データ保存期間の短さ」「データ整備のむずかしさ」「分析労力の大きさ」「非メイン口座の存在」などをあげている[8]。デフォルト実績と預金口座の情報の関係をみるためには少なくとも１景気サイクル程度のデータは必要と考えられるし、AIに分析させるには、預金データのセグメント分けなど色分けも必要だ。さらに、送金手数料の関係等で複数の金融機関に預金口座がある場合には全体の入出金の流れを把握する必要もあると考えられる。

これらのハードルを乗り越えてモデル化に漕ぎつけたが、りそな銀行は、CRD協会を通じて、地方銀行や信用金庫に審査モデルを販売し、個人事業主向けの融資審査や貸出し後の信用リスクの管理などに役立ててもらう予定とのことだ[9]。非メイン口座の存在から、モデルの精度を高めるためには、同協会を通じて多くの金融機関のデータが必要という実務的な面もあると考えられるが、長年研究してつくりあげたモデルを、有料とはいえ、いわば競争相手の地方銀行・信用金庫に開示するのは、地域に貢献したいという強い経営理念も背景にあると考えられる。

7　ただし、融資後に直近の決算資料が必要。

8　https://www.crd-office.net/CRD/activities/trm01.html

9　2019年12月25日付け日本経済新聞「りそな、中小向けオンライン融資　AIが信用力判断」

⑶ 特　　徴

AIが顧客の預金データのみを基に信用力を判断するりそな銀行の商品・仕組みは、3メガグループに先駆けた業界初の取組みであり、本来、自らのサービスを差別化できるものだ。それにもかかわらず、他地銀にも展開するということはあくまで差別化するツールとしてみていないということにもなる。

これには、前述したように業界全体の底上げという理念もあろうが、一方で、AIの限界をきちんと理解したうえで、豊富な与信判断実績に基づく審査目線やどのような定性的な要素を勘案するべきかという考えなどを自分の強みとして十分認識して活用していることもあると考えられる。第6章でも論じているが、AIの限界を理解しながらモデルを活用していくことは重要なポイントの1つだ。AIの効率性のメリットを追求していくと、本来であれば、店舗網をもたずに、構造的に経費率が低いインターネット専用銀行等に競争優位があると考えられるが、過去の与信実績・経験とリテールデータの豊富さがモデルそのものの精度の高さ、もしくはモデルの活用プロセスへの適切な反映を通じて、競争優位に働くものと考えられる。りそな銀行の取組みは2020年1月から開始されたばかりであり、今後もAIの与信判断結果とデフォルト実績の関係等のデータが蓄積され、さらに地方銀行・信用金庫へのモデルの展開で、データの蓄積が促されていくであろうが、決算情報にかわる与信判断の新たなスタンダードとなるのかどうか行方が注目される。

第 8 章

パンデミックリスク

——新型コロナウイルス（COVID-19）への対応

第1節　背景・状況

(1)　背景・経過

2019年末から新型コロナウイルス（COVID-19）が中国から出現し、その後瞬く間に世界中で猛威を振るっている。中国湖北省武漢市から発生したとみられ、1月下旬の中国の春節とも重なり、中国全土および近隣アジア諸国を経て、欧米を含め世界中へと拡散していった。1月31日には、WHOは、国際的に懸念される公衆衛生上の緊急事態（PHEIC[1]）を宣言したが、その後も感染の勢いが衰えなかった。3月中旬には都市封鎖等により中国国内での感染増加が一巡する一方で、イタリア、スペイン、フランス、英国、米国等欧米中心に急速に感染が拡大した。これに対して、WHO事務局長が2020年3月11日にパンデミック相当との認識を表明した（図表8－1参照）。

図表8－1　感染の段階

感染段階	広がり	特徴	例
Endemic	地域流行	予測可能。一定の地域に一定の羅患率で、一定の周期で繰り返される常在的な状況	インフルエンザ（通常）
Epidemic	地方流行	予測不可能。一定の地域に一定の羅患率で、一定の周期で繰り返される常在的な状況	デング熱
Outbreak	感染爆発	エピデミックの規模が大きくなった状況	SARS、MERS
Pandemic	世界流行	同時期に世界規模で発生する広範囲に及ぶ流行病	COVID-19

（出所）筆者作成。

1　Public Health Emergency of International Concern

日本においても当初英国船籍のクルーズ船乗客への対応のみに関心が集まり、国内の広がりを楽観視する向きもあったが、感染経路不明の感染者が東京、大阪などの都市を中心に急増し、これに対応して、2020年４月７日に政府が７都府県に対して初めて緊急事態宣言を発令した（2020年４月８日から５月６日まで）。また、2020年夏に開催予定だった東京オリンピックも１年延期が決定された。

これまでも、新型インフルエンザによるパンデミック（2009年～2010年）のほか、SARS（2002年～2003年）、MERS（2012年～）などのコロナウイルスによる感染はあったが、今回はこれまでのパンデミック、アウトブレイクとはまったく異なる状況となっている（図表８－２参照）。

これは、今回のコロナウイルスがいくつか過去の例と異なる特徴があるからだ。たとえば、過去のコロナウイルスに比べて感染力が格段に高いこと、症状の出ない潜伏期間が長くその間に感染が広まりやすいこと、一度症状が出ると、肺炎、呼吸困難を起こし、死亡に至る時間が短いことなどだ。また、一度回復して退院しても再感染するリスクもあるといわれている。こうした特徴により、いわゆるクラスター感染といわれる同じ場所で密閉された空間にいるものが次々と感染したほか、医療従事者の犠牲も相次いだ。これが、医療崩壊といわれる患者への構造的な対応不備へとつながり、被害を拡

図表８－２　最近の疫病

流行年	名称	形態	死者数
2002～2003	SARS	Outbreak（重症急性呼吸器症候群コロナウイルス）	774人
2009～2010	新型インフルエンザ	Pandemic（豚インフルエンザ）	14,142人
2012～現在	MERS	Outbreak相当（中東呼吸器症候群コロナウイルス）	858人
2019～2020	COVID-19	Pandemic（新型コロナウイルス）	82万人以上※

※2020年８月28日現在
（出所）筆者作成。

大させた一因ともいわれている。

世界的な広がりという面でも異なる。同じコロナウイルス感染といっても、SARS、MERSは、COVID-19ほど地域的な広がりをみせず、パンデミック認定されなかったが、今回は感染者の多さ・広がりと死者数の多さもあり、2009年の新型インフルエンザ以来のパンデミックとなった。

(2) 状　　況

COVID-19の強い感染力もあり、各国とも、都市封鎖、ロックダウンに加えて、お互いに入国禁止・制限措置を相次いでとるようになり、ヒトとモノの行き来が格段に減少した。国内消費はもちろん、観光、貿易とも大きな影響が予想されている。IMFは、2020年の世界全体の成長率を前年比マイナス4.9%と予測[2]しており、1929年の大恐慌以来のマイナスとなると見込んでいる。COVID-19以前には、IMFは、2020年の世界全体の成長率をプラス2.9%と見込んでいたので大幅な変更だ。なお、日本はマイナス5.8%と見込んでおり、2009年（マイナス5.4%）以来の落込みとなると予想している。前回のパンデミックとなる新型インフルエンザ（2009年）の時には、グローバル金融危機の影響もあるため、一概に比較できないが、その折ですら、世界全体の成長率は前年比わずかマイナス0.1%だ。今回のCOVID-19の被害がいかに甚大なものと予想しているかうかがい知れる。ただし、IMFの基本シナリオは、4～6月期がボトムとみており、2020年後半からのV字回復を見込む。このため、2021年には、世界全体の成長率は5.4%と急回復することを見込んでいる。日本も2021年には2.4%のプラス成長としている。ただし、世界的感染第2波が到来するリスクシナリオでは再び広範囲にロックダウンが実行され、2021年の世界全体の成長率は0.5%にとどまると予想している。

OECDも厳しい見方をしており、2つのシナリオを考えている。1つは、

2　2020年4月14日付け世界経済見通しによる。

IMFのリスクシナリオと同様に、世界的感染第2波が到来するシナリオで、2020年の世界全体の経済成長率はマイナス7.6%となると予想している。2021年の回復も2.8%程度だ。2つ目のシナリオは感染が収束するシナリオで、この場合、2020年の世界の経済成長率は、マイナス6.0%と予測し、2021年は、2020年後半からの経済活動再開により、プラス5.2%までの回復を見込む。

要は、著者が執筆している時点では、誰も世界経済に与える影響を正確に予想できていないということだ。これまでのコロナウイルス対応や医療テクノロジーの進歩等を考えると、いつかはワクチンが開発され、防疫体制も整い収束するだろう。それまでにどれくらいの時間がかかり、さらにどれくらいの期間、ロックダウン、都市封鎖のような緊急事態や各国間の入国禁止措置等が繰り返されるのか、そして、消費、貿易、観光等にすでに直接影響を与えているが、そこからどのように波及していくかが重要だ。すでに原油安、株安などの反応が出たが、今後は、第2波の動向次第では、企業倒産等を契機とした信用不安の連鎖、資産価格下落による信用収縮、流動性危機等を契機とした金融不安もありえるだろう。さらに、貿易量の減少を通じた実体経済への影響や国際的なサプライチェーンへの影響等さまざまな影響が考えられる。ビジネスは人と人とのつながりが基本というが、この基本的なつながりをグローバルにかつ長期間にわたり大規模に断つということはこれまでにない経験であり、この影響が正確に総括されるのは2～3年待たないといけないかもしれない。

第2節　対応状況・課題

(1)　金融機関の対応状況

COVID-19への対応に関連して、金融庁からも金融機関に対して、債務の条件変更等事業者の実情に応じた万全の対応を要請しており、信用連鎖による破綻や流動性危機などが起きないように慎重に配慮している。また、事業者への資金繰り支援の促進を検査・監督の最重点事項とすることでこの実効性を担保しようとしている。

また、緊急事態宣言対象地域における金融機関に対しても、金融庁は、事業者の資金繰り支援等国民の経済活動をサポートする観点から金融関係業務の継続を要請している。店舗等での顧客対応業務（預貯金、為替、手形、送金、融資、ATM）の継続のほか、システムの維持、トレーディング等の市場業務の継続などを具体的に示している。ただし、インターネット、コールセンター等のリモート機能の活用や店舗等への出勤は必要最小限度にすること、出勤する場合でも職員が十分な距離を保つことなど感染拡大防止への配慮も促している。

金融機関においても、大宗はBCMを発動し、バックアップセンターと業務を分担して対応している先もあるほか、チーム分けして交代制で対応する等全体が罹患しないように配慮して対応している先もある。リモートアクセスは、大手銀行では対応できているところもあるが、なかには、顧客情報の保護、重要情報へのアクセスセキュリティの問題等もあり、システム上在宅勤務の環境が十分でない先も多いとみられる。さらに、決済業務やトレーディング業務、特別なシステムを活用した業務等は、オフィス以外では対応不可能な場合も多く、出勤して対応せざるをえない業務も相応にある。また、資金繰りや返済猶予の相談等、通常よりも業務が増加するにもかかわらず、店舗等では必要な人員で対応（もしくはチーム分けして交代で分担して対応）するため、１人当りの事務量・負担が構造的に増加する状況となっている。

(2) 課　　題

こうした金融機関の現在の対応状況から、今回のような深刻かつグローバルで感染リスクのあるようなパンデミックの事態に対応するための課題がいくつか浮き彫りになった。

1つ目は、テレワーク、在宅勤務を前提とした業務態勢となっていなかったことである。実は、東京オリンピック、パラリンピックに向けてテレワークの準備は従前より進めてきたはずなので、COVID-19でテレワーク業務態勢の脆弱性がここまで浮き彫りになるとは予想外であった。セキュリティを確保したうえでの在宅勤務環境からの金融機関のイントラネットへのアクセス、顧客情報・重要情報保護等のセキュリティ確保、顧客との電話会議・TV会議システムの確認（双方）、特定業務・システム（決済業務、電子決裁システム、トレーディング業務等）の業務フロー再確認等、具体的な課題がいくつか洗い出されることとなった。

2つ目は、危機状況がグローバルに、かつ、長期的に存続した場合における業務フロー等の態勢の未整備だ。これまでの危機対応・BCMは、地震等比較的短期で回復し、かつ地域的にも限定されていることを前提とした面もあり、あくまで一時的、局所的という位置づけだったと考えられる。BCMのバックアップサイトの考えも一部の地域を危機対象とする前提であり、グローバルに感染が続くという前提ではなかったとみられる。1つ目の課題とも関係するが、グローバルベースの在宅勤務環境を前提とした業務フローを具体的にイメージする必要があり、また、その業務フローを誰でもわかりやすいようにマニュアル化する必要がある。

3つ目は、危機管理本部の態勢だ。グローバルかつ長期に及ぶため、毎日定時に現場から状況を報告し、危機管理本部で対応を検討・指示する態勢にも限界があり、業務が特定の職員に集中しがちだ。危機の長期化を前提に、交代制なども視野にリソースを考える必要がある。また、英ジョンソン首相のように突然トップが感染するリスクもあり、あらかじめ決定権者の順位も明確にしておく必要がある。

(3) 今後の対応

今後の対応を検討するにあたり、まずは、今回の対応で何が不足していたのか、COVID-19対応が一巡してから、あらためて全社・全行的にすべての

図表8－3　オペレーショナルリスク管理（OR）、クライシスマネジメントプラのイメージ

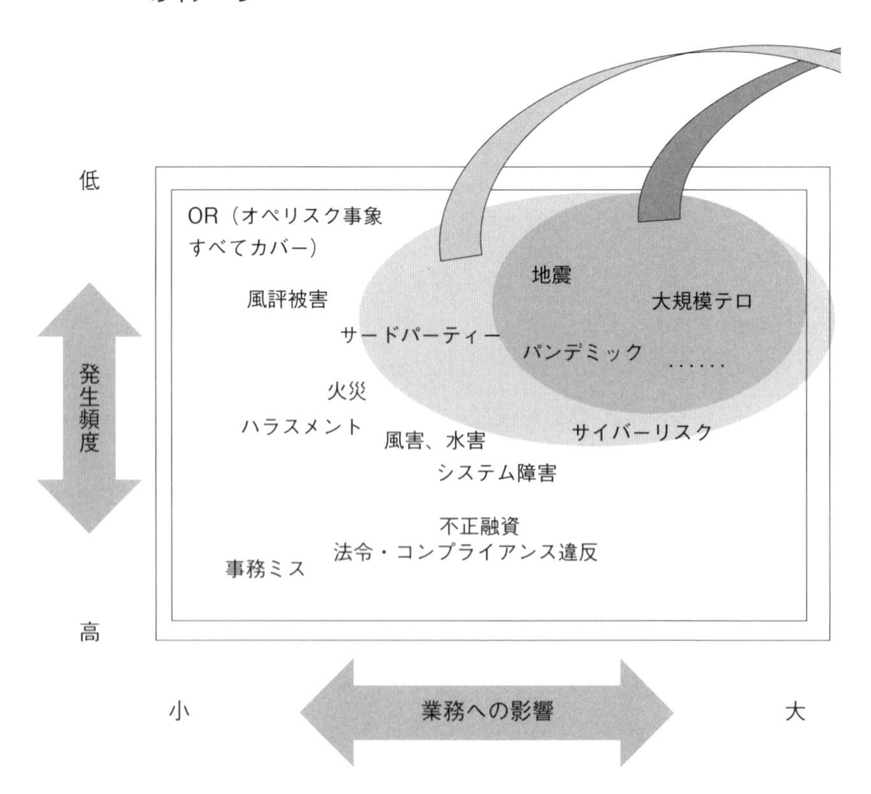

（出所）　筆者作成。

ン（CMP)、業務継続プラン（BCP)、オペレーショナル・レジリエンス（ORS）

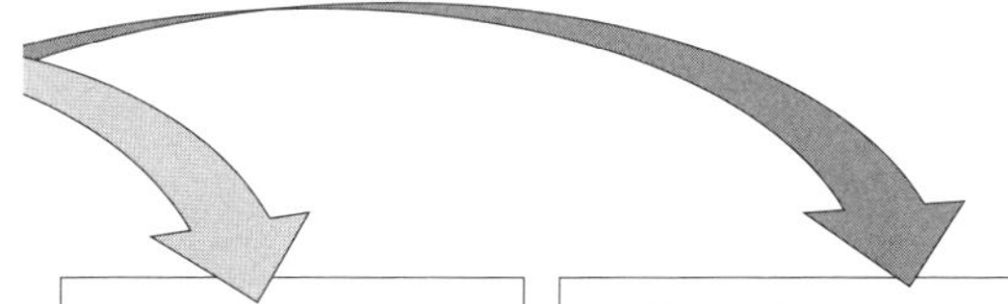

ORS
（顧客影響、マーケット影響から重要業務をとらえる）

通常のOR管理態勢を前提

顧客影響、マーケット影響から重要業務認定

重要業務につき影響許容度決定

シナリオ設定し、ST実施。認定許容度の妥当性確認

CMP（企業の存続に影響を与えかねない事象）

予測事象・シナリオ策定

危機発生時の態勢（組織・人員、意思決定プロセス、役割分担）

重要業務の設定と優先度決定

優先度に従った損害を最小限度にとどめるための対応

事態鎮静化後、再発防止策、業務回復対応

BCP（CMPのうち重要業務等事業継続に関係する部分）

課題を棚卸しすることが必要だ。これには、BCMの中心となる企画部門やリスク管理部門のみならず、営業現場、市場関連業務、システム関連業務、さらには、外部委託先も含めて幅広く確認する必要がある。

そのうえで、まず検討すべきことは、在宅勤務の環境整備だ。システム面でのリモートアクセスの充実のほか、業務分担で対応する場合はどういう連絡方法でどのような業務フローとするか具体的に考える必要がある。これは、2021年に延期された東京オリンピックへの対応（サイバーアタック対応等）ともつながるものといえる。さらに、危機時の業務フローを従業員はもちろん、取引先や業務委託先にもテストなどをあらかじめ実施し、実態に機能するかどうか細部まで指差し確認をする必要がある。たとえば、物理的に押印が必要な契約書類をどうするか、オフィスでしか稼働しないシステム（決済システム、電子決裁システム、トレーディング関係システム等）をどうするか等、具体的に検討する必要がある。今回、危機対応の現場ではいろいろな問題が生じたはずで、これらを優先度に応じてカバーしていく必要がある。

次に、検討すべきものが、シナリオを含めて、BCMの整備だ。今回のパンデミックの事態は、グローバルに影響する、また、長期間対応が必要である、という点で特徴的であり、こうした特徴をふまえてBCM上でシナリオを設定し、その対応を整理する必要がある。WHOの対応の遅れや、緊急事態宣言のタイミングなども話題となったが、どのようなイベントでBCMのトリガーを引いてどのような対応をするか極力明確にする必要がある。感染の深刻さや広がり度合いにより、段階的に対応する場合には、行政側との連携も視野に入れつつ、どのようなステップでどのような対応をとるか検討する必要がある。また、危機時の業務フローは国内だけではなく、世界各国の拠点も含めてグローバルベースで構築する必要がある。今回の経験で、都市封鎖、ロックダウン等危機時対応・法制のほか、入出国制限の各国の対応等が明らかとなったため、こうした各国の制度・対応も織り込む必要がある。

BCMの対応とも関係して、現在英国中心で関心が高まっているオペレーショナル・レジリエンスの流れで対応を整理することも１つの方法だ。パンデミックのような状況は危機対応としてBCMで本来整理される事項ではあるが、オペレーショナル・レジリエンスでは、業務中断の範囲をもう少し幅広くとらえたうえで、顧客影響やマーケット影響を考えながら業務回復手段を整理していくイメージだ。サイバーリスク対応も念頭にあるため、業務委託先も含めてサードパーティー・リスク管理として幅広くとらえており、今回のCOVID-19の影響の広がり度合いとも関係する面もある。BCMとオペレーショナル・レジリエンスの2面から態勢を整備することでより強固な危機管理態勢となると考えられる。なお、オペレーショナル・レジリエンスの枠組みでは、重要業務の判定と影響許容度の決定の2点が主な実施事項である。重要業務は、顧客影響とマーケット影響を考えてBCMよりも広い範囲で考えたうえで（テレフォンバンキング業務や証券預り業務なども重要業務）、当該業務が中断した場合に最大限度どこまで耐えられるかを勘案して、耐えられる時間を影響許容度として設定し、管理することになる。影響許容度の判定では、重要業務について、業務マッピング（対応する人員、提供場所、システム、外部委託者、データ内容等）を行い、BCMよりも細部かつ広範に影響を確認することになる（図表8－3参照）。

さらに、パンデミックの危機管理対応は、自社だけの問題ではなく、自社のBCMの枠組みを超えて、幅広く目配せする必要があろう。たとえば、海外拠点を含めたグローバルベースでの連携、グループ会社の取引先等も含めたグループ内連携、システム委託先、業務委託先等の危機管理態勢との連携、金融機関の公的な役割期待もふまえた顧客対応・資金繰り支援、内外当局との連携、従業員の健康維持・業務管理対応などさまざまな面から、管理態勢が十分かどうか点検する必要があろう。

おわりに――最近の動向と今後の展望

足許の動向、事象の予測可能性

本書の執筆を考えていた当時は、非財務リスクの足許の動向としては、東京オリンピック・パラリンピックを前に懸念されていたサイバーセキュリティリスクや、英当局が取り組んでいるオペレーショナル・レジリエンス、サードパーティー・リスク管理などを考えていたが、足許の世間の関心は、新型コロナウイルス（COVID-19）一色であり、あらためてパンデミックリスクに注目が集まっている。ちなみに、COVID-19のために、東京オリンピック・パラリンピックは1年延期が決まり、英当局がオペレーショナル・レジリエンスとサードパーティー・リスク管理に関して発していたコンサルテーションペーパーの意見募集は締め切りが半年延長され、その後の工程も後送りとなる見込みだ。それほど、今回のCOVID-19のインパクトは強烈で広範囲に影響を及ぼしている。おそらく、危機管理対応、BCM/BCPは大きな見直しが必要となるだろうし、グローバルな連携も求められるだろう。

COVID-19への対応については、第8章で記述したとおりであるが、ここで考えてみたいことは、これまでの枠組みで予見不可能なことであったかどうかだ。これまでのオペレーショナルリスクの枠組みでは、パンデミックは、地震、台風などの自然災害と同様に、災害の1つとしてシナリオを立てて、想定頻度、想定損失を見積もることになる。その際には、頻度は、過去の周期から考えてパンデミックは何年に一度のように見積もり、これをポアソン分布で1年当りの発生頻度に置き換えるのが通常の推計の方法だろう。想定損失は、過去のSARS、MERS、新型インフルエンザのケースでの自社の過去の損害（出勤できないことによる機会費用も含めて）を参考にし、過去の損害を教訓にとられた再発防止策も考えて推計する方法が一般的だろう。

一方、災害は、オペレーショナルリスク管理に加えて、事業継続そのものが危うくなる可能性もあるため、事業継続プラン（BCP）にも影響する。BCPは、オペレーショナルリスクのリスク計量のための発生頻度、想定損失の推定という方法ではなく、いかに顧客、マーケットにとって重要な業務を継続するかのプランだ。地震が起きた場合、本社ビルがテロにあった場合などと同様に、パンデミックで職員に感染が広まる懸念がある場合や感染でオフィスが物理的に閉鎖される場合等に、どのようにしてコアとなる重要業務を維持するかの計画である。オペレーショナルリスクの計量よりも、具体的な事象を想定して業務フローを考える必要がある。

オペレーショナルリスク、BCPでパンデミックをシナリオとして織り込んでいない金融機関はまずないと思って問題ないと思う。問題はそのインパクトだ。この点で、やはり、将来を適切に予測してシナリオを見積もり、それにあわせて業務フローも考える、というのは合理的な方法ではあるが、人の想像力の限界もあり、過去数十年間に起きた事象以上のものを想定するのはなかなか困難だ。さらに、リスク管理の専門家が正しく想定したとしても、それを組織としてコンセンサスをとるのはなかなかむずかしい。極端なイベントは枚挙に暇がないからだ。極論すれば、隕石が自社ビルに落ちる、というシナリオは事業継続すら危うくする甚大な損害をもたらすのは確実だが、これに備えようという経営者はまずいないだろう。

では、どうすればいいのか。想像力に限界はあっても、やはり、常に周囲の情報に目配せして、リスクを認識・評価し、経営者とも共有して「見える化」する必要がある。さらに、シナリオ等で現存するあらゆる情報・ノウハウ、技術を駆使して、考えられうることに対しては、前提条件を明確にして影響を評価して、備えることだ。COVID-19対応を契機に、これまでに前提にしていたことを見直し、あらためて、自社のビジネスプロファイルとそこに内在するリスクを見つめ直すことが必要と考える。

今後の展望

COVID-19の影響は、非財務リスクにとどまらず、リスク管理そのもののむずかしさを思い知らされた。今後は、経営から「どのぐらいの深度のストレスをかけたか」という質問に対して、「グローバル金融危機並みです」では深度が足らず、「COVID-19と同じ程度の深度のストレスです」とリスク管理側が受け応えするような場面が多くなるのかもしれない。パンデミックリスクに対する評価、対応も各金融機関で異なるだろう。

パンデミック対応も含め、非財務リスク管理をどうするかは、各金融機関のビジネスプロファイルにより異なるため、どうしても個別性が出るのはやむをえないと考える。現在は過渡期であるが、いずれは、ビジネスプロファイルに応じてとるべきアプローチの枠組みも類型化され、徐々に業界スタンダードが決まり、いくつかのモデルに収斂していくだろう。定量化とまでは至らずともベストプラクティスのようなかたちで確立したモデル、アプローチができるだろう。

しかしそれでも、なお、リスクプロファイルに応じて個別に管理する要素は必ず残ると思われる。「はじめに」で述べたように、「不利益（不効用）の最小化」は、各金融機関のステークホルダーとのかかわり方により異なるからだ。顧客第一、地域への貢献を貫く先もあれば、従業員の働き甲斐を最重要視する先もあるかもしれないし、株主利益を重視する資本主義型の先もあろう。さらには、環境配慮を優先するという金融機関もあるかもしれない。

非財務リスク管理の重要な目線である「不利益（不効用）の最小化」＝「質（効用）の最大化」は、別の言葉で言い換えれば、各金融機関が何を目指して社会に存在しているのか、という存在意義を問うものでもある。このためには、RAFの枠組みなども勘案しながら、自らのリスクプロファイルを中長期的に見つめ直し、各金融機関は何を目指すのか、そのためにはどういうビジネスプロファイル・態勢を構築・整備すべきか、そして、その際に、どこに本源的なリスクが潜んでいるのか、さらには、それを管理・コントロールする方法は何が自社にとってベストなのか、それぞれの金融機関が真剣に考える必要がある。

また、一度結論を出しても、ステークホルダー全体の不効用の概念は時とともに変化するので、常に見直しが必要だ。効用（不効用）を考えるうえでの主役は、過去には当局との関係だった時もあるだろうし、市場での評価ということもあろう。最近では顧客保護かもしれない。将来は環境保護・貢献が主役に躍り出るかもしれない。

いろいろ申し上げたが、とりあえず、足許の出発点は、自らのリスクプロファイルをじっくりと眺めてどこにリスクがあるのかの認識・評価をすることからだ。COVID-19を契機に、各金融機関とも、まずは、大きな紙に懸念事項・リスクをすべて書き込んで、リスクを棚卸しすることから始めてはどうだろうか。

最後に、本書は、その道の専門家がそれぞれその知恵と経験をフルに駆使して書いたものだ。現時点での各非財務リスク管理の現状や、望ましいアプローチを的確に示しており、少しでも金融機関のリスク管理実務者の参考になれば幸いである。さらにいえば、金融機関のみならず、広く一般事業者や、金融当局の方の政策立案等の参考になれば喜ばしいことだ。

また、出版にあたっては、共同執筆者はもちろんのこと、きんざいの西田氏をはじめ、多くの方に大変お世話になった。心からの深謝を表して結びの言葉としたい。

2020年10月

森　滋彦

■参考文献

[第１章]
BCBS（1988）：International convergence of capital measurement and capital standards
BCBS（2006）：Basel Ⅱ：International Convergence of Capital Measurement and Capital Standards
BCBS（2017）：Basel Ⅲ：International regulatory framework for banks
BCBS（2018）：Cyber-resilience：range of practices
BOE/PRA/FCA（2018）：Discussion Paper. Building the UK financial sector's operational resilience
BOE/PRA/FCA（2019）：Operational Resilience：Impact tolerances for important business services
BOE/PRA/FCA（2019）：Outsourcing and third party risk management
FSB（2013）：Thematic Review on Risk Governance
金融庁（2018）：「コンプライアンス・リスク管理に関する検査・監督の考え方と進め方（コンプライアンス・リスク管理基本方針）」
金融庁（2019）：「コンプライアンス・リスク管理に関する傾向と課題」
金融庁（2015）：「金融分野におけるサイバーセキュリティ強化に向けた取組方針」
金融庁（2019）：「金融分野のサイバーセキュリティレポート」
金融庁（2019）：「利用者を中心とした新時代の金融サービス～金融行政のこれまでの実践と今後の方針～（令和元事務年度）」

[第２章]
金融庁（2018）：「金融検査・監督の考え方と進め方（検査・監督基本方針）」
金融庁（2018）：「コンプライアンス・リスク管理に関する検査・監督の考え方と進め方（コンプライアンス・リスク管理基本方針）」
金融庁（2019、2020一部更新）：「コンプライアンス・リスク管理に関する傾向と課題」
金融庁（2019）：「金融機関の内部監査の高度化に向けた現状と課題」
経済産業省（2019）：「グループ・ガバナンス・システムに関する実務指針（グループガイドライン）」
日本取引所自主規制法人（2018）：「上場会社における不祥事予防のプリンシプル」
今野雅司（2019）：『金融機関のコンプライアンス・リスク管理』（金融財政事情研究会）
今野雅司（2019）：「金融庁の発信情報の読み解き方（第２回）コンプライアンス・リスク管理」（銀行法務21No.848）

今野雅司（2020）：「「コンプライアンス・リスク管理基本方針」公表後の金融当局および金融機関の動向」（金融・商事判例1586号／2020年３月増刊号）

[第３章]

FCA（2012）：Journey to the FCA, Financial Conduct Authority, October 2012
FCA（2017）：5 Conduct Questions Programme, 2017
FSB（2015）：FSB Chair's Letter to G20 on Financial Reforms—Finishing the Post-Crisis Agenda and Moving Forward, 10 February 2015
Royal Commission（2019）：Final Report, Royal Commission into Misconduct in the Banking, Superannuation and Financial Services Industry. February 2019
APRA（2019）：Report on industry self-assessments into governance, culture and accountability, May 2019
BOE（2019）：Financial Stability Report The results of the 2019 stress test of UK banks, December 2019
UBS（2017）：Conduct Policy and Regulation Fact Sheet, November 2017
IIF（2009）：Reform in the financial services industry：Strengthening Practices for a More Stable System, December 2009
FSB（2014）：Guidance on Supervisory Interaction with Financial Institutions on Risk, April 2014
金融庁（2018）：「コンプライアンス・リスク管理に関する検査・監督の考え方と進め方（コンプライアンス・リスク管理基本方針）」2018年10月
FRBNY（2017）：Misconduct Risk, Culture, and Supervision, December 2017
APRA（2016）：Information Paper：Risk Culture, October 2016
FSB（2017）：Stocktake of efforts to strengthen governance frameworks to mitigate misconduct risks, May 2017
FSB（2018）：Strengthening Governance Frameworks to Mitigate Misconduct Risk：A Toolkit for Firms and Supervisors, April 2018
DNB（2016）：Supervision of Behavior and Culture, 2016
IMF（2018）：IMF Working Paper：A behavioural approach to financial supervision, regulation, and central banking, August 2018

[第４章]

金融庁（2019）：「金融機関のシステム障害に関する分析レポート（2019年６月）」
デロイト（2019）：「オペレーショナル・レジリエンス（強靭化）についてのリスク管理検討の必要性」

[第５章]
金融情報システムセンター（2017）：「金融機関等におけるコンティンジェンシープラン策定のための手引書」（第３版追補３）
情報処理推進機構（2019）：『情報セキュリティ白書2019』
池谷誠（2018）：「米国SECによるサイバーセキュリティリスク開示に係る解釈ガイダンス」（商事法務No.2167）
Financial Reporting Council（2018）：Guidance on the Strategic Report
SEC（2018）：Statement and Interpretive Guidance on Public Company Cybersecurity Disclosure
総務省サイバーセキュリティ統括官（2019）：「サイバーセキュリティ対策情報開示の手引き」
金融庁（2019）：「記述情報の開示に関する原則」
中谷和弘・河野桂子・黒崎将広（2018）：『サイバー攻撃の国際法　タリン・マニュアル2.0の解説』（信山社）
山添清昭ほか（2019）：「チェックリストで最終点検！【特集】改正開示府令で変わる有報の作り方2020」（企業会計March 2020 Vol.72 No.3）
北川哲雄ほか（2020）：「【特集】「株主第一主義」の先へ　多様化するステークホルダーと向き合う時代」（企業会計January 2020 Vol.72 No.1）
菅谷明子（2000）：『メディア・リテラシー　世界の現場から』（岩波書店）
増沢隆太（2014）：『謝罪の作法』（ディスカヴァー・トゥエンティワン）
井之上喬（2009）：『「説明責任」とは何か　メディア戦略の視点から考える』（PHP研究所）
西澤真理子（2013）：『リスクコミュニケーション』（エネルギーフォーラム）
今村守之（2011）：『問題発言』（新潮社）
勝田吉彰（2015）：『パンデミック症候群　国境を越える処方箋』（エネルギーフォーラム）

[第６章]
情報処理推進機構（2018）：『AI白書2019』（角川アスキー総合研究所）
情報処理推進機構（2020）：『AI白書2020』（角川アスキー総合研究所）
松尾豊（2015）：『人工知能は人間を超えるか　ディープラーニングの先にあるもの』（KADOKAWA）
World Economic Forum（2019）：Navigating Uncharted Waters―A roadmap to responsible innovation with AI in financial services, October 2019
Deloitte China（2019）：Global Artificial Intelligence Industry Whitepaper, 2019
デロイトトーマツグループ（2020）：「AIガバナンスサーベイ2019」
内閣府（2019）：「人間中心のAI社会原則」
総務省（2019）：「AI利活用原則ガイドライン」

経済産業省（2019）:「AI・データの利用に関する契約ガイドライン1.1版」
OECD（2019）: Recommendation of the Council on Artificial Intelligence, May 2019
European Commission（2019）: Ethics guidelines for trustworthy AI, April 2019
Personal Data Protection Commission（2018）: Discussion Paper on Artificial Intelligence（AI）and Personal Data—Fostering Responsible Development and Adoption of AI, June 2018

[第７章]

Barclays PLC annual report 2019
Wall Street Journal（2013/4/3）: Salz Review—An independent Review of Barclays' Business Practices
Financial Times（2012/7/13）: Banks' Libor cost may hit $22bn
EUROMONEY（2012/7/26）: Libor scandal : Counting the cost of the fix
BCBS（2018）: Stress Testing Principles
Researchgate（2018）: A pilot Experiment on Peer Structured Scenario Assessment
ふくおかフィナンシャルグループディスクロージャー誌（2020年３月期）
日本銀行金融高度化セミナー資料（2018）: リスクアペタイト・フレームワークの構築（ふくおかフィナンシャルグループ）
百五銀行ディスクロージャー誌（2019年９月期）
渡邊明（2008）:「百五銀行相談役（元頭取）川喜田貞久氏講演—コーポレートガバナンスとは」
りそなホールディングスディスクロージャー誌（2020年３月期）
一般社団法人CRD協会ホームページ
りそな銀行ホームページ

[第８章]

WHO（2020）: Coronavirus Disease（COVID-19）Pandemic
IMF（2020）: 世界経済見通し
OECD（2020）: 世界経済見通し中間報告

■著者略歴

［執筆者代表］

森　　滋彦

有限責任監査法人トーマツ ファイナンシャルインダストリー ディレクター
大手都市銀行グループのリスク統括部署で、RAFやストレステストの高度化を推進。同グループで2002年以降リスク管理に主に従事し、ロンドン支店、東京本部で、信用リスク、市場・流動性リスク、オペレーショナルリスクと幅広くリスク管理に携わった。現在は、主要金融機関に対するリスク管理に係るコンサルティング業務に従事。

［執筆者］

今野　雅司

有限責任監査法人トーマツ ファイナンシャルインダストリー シニアマネジャー
法律事務所、預金保険機構法務統括室勤務後、金融庁検査局にて、地域金融機関のモニタリングや、コンプライアンス、マネー・ローンダリングに係るガイドライン等の策定に関与。現在は、有限責任監査法人トーマツにて、コンプライアンス・リスク、コンダクト・リスク、マネー・ローンダリング等の助言に従事。弁護士、ニューヨーク州弁護士、公認会計士、公認不正検査士。著書に『マネロン・テロ資金供与リスクと金融機関の実務対応〔第2版〕』（中央経済社）、『金融機関のコンプライアンス・リスク管理』（金融財政事情研究会）等。

勝藤　史郎

有限責任監査法人トーマツ リスク管理戦略センター ディレクター
大手都市銀行グループのリスク統括部署で、統合的リスク管理高度化、バーゼルⅢ見直しの当局協議等を推進。以前はニューヨーク駐在チーフエコノミストとして米国マクロ経済の調査予測に従事、債券・CPトレーディングや、ロンドン支店でのディーリング企画などマーケット業務にも携わった。現在は、リスク管理に関するアドバイザリーに従事し、マクロ経済、ストレスシナリオ、国際金融規制、RAF構築支援等のアドバイザリー業務を提供。著書に『9つのカテゴリーで読み解くグローバル金融規制』（共著、中央経済社）等。

田宮　秀樹

有限責任監査法人トーマツ　ファイナンシャルインダストリー　シニアマネジャー
政府系金融機関勤務後、大手監査法人を経て有限責任監査法人トーマツに入社。現在は、金融機関のリスク管理高度化に対するアドバイスおよび内部監査支援に従事。地方銀行、大手保険会社、大手クレジットカード会社、電子債権記録機関等に外部委託先管理態勢構築支援のほか、大手金融機関向けに事務リスク管理高度化支援や内部監査態勢の外部評価業務に従事。

跡部　　顕

有限責任監査法人トーマツ　ファイナンシャルインダストリー　ディレクター
大手邦銀、外資系金融機関にて25年にわたり資産管理サービス業務の営業、クライアントサービス、経営企画に従事し、グローバルカストディ、オフショアファンドの組成・管理、運用会社のミドル・バックオフィス業務のアウトソーシング等の業務分野をカバー。現在は、リスクアドバイザリー部門における資産運用セクターのリーダーとして、資産運用会社・信託銀行・機関投資家等に対するアドバイザリー業務に従事。また、ファイナンシャルインダストリーにおけるサード・パーティー・リスクマネジメントの統括。

堀越　重明

デロイトトーマツサイバー合同会社　ディレクター
外資系コンピュータメーカーにて、情報システムの企画・開発・保守・運用すべての工程を経験。金融機関（銀行・証券）では、システムリスク、オペリスク、事業継続等のリスク管理業務に従事。当局検査対応や外部・内部監査対応についても豊富な経験を有する。現在は、金融機関向けサイバーセキュリティ関連サービスに従事。著訳書に『COBIT 実践ガイドブック』（日経BP）、『ビジネス継続マネジメントガイド』（中央経済社）、『CSR 経営と内部統制』（別冊商事法務）等。

小西　仁

有限責任監査法人トーマツ ファイナンシャルインダストリー ディレクター
大手証券会社、大手情報ベンダーに勤務の後、大手監査法人系コンサルティング会社に入社。金融機関向けのリスク管理高度化支援を実施。現在も、有限責任監査法人トーマツにて、引き続き同業務を実施し、オペレーショナルリスク管理高度化支援、市場リスク管理高度化支援、自己資本比率算定業務の支援に従事。著書に『バーゼルⅡ対応のすべて』（金融財政事情研究会）、『これからのストレステスト―金融危機に負けないリスク管理』（金融財政事情研究会）。

加瀬　鶴佳

有限責任監査法人トーマツ ファイナンシャルインダストリー マネジャー
大手都市銀行にて法人営業を担当後、有限責任監査法人トーマツに入社。現在は、金融機関向けのオペレーショナルリスク・市場リスク・統合リスク管理態勢の高度化支援や、リスク計測システムの構築、計測プロセスの調査等の業務に従事。主な論考に、「有価証券運用の多様化に対応したリスク管理―急速に拡大する有価証券運用を支える体力づくり―」（リージョナルバンキング）、「連載非財務リスク―最前線」（週刊金融財政事情）。

三枝　聡

有限責任監査法人トーマツ アナリティクス マネジャー
商社系System Integratorでは、DWH構築やBIシステム構築など情報系システムの開発から運用に至るまで経験。現在は、幅広い分野・業態に対してデータ分析を活用したアドバイザリー業務等に従事したほか、近年はデータ利活用組織の新規立ち上げやAI／データガバナンスに係るアドバイザリー業務に従事。

非財務リスク管理の実務
――リスク管理の「質」を高める

2020年11月6日　第1刷発行

著　者　有限責任監査法人トーマツ
執筆者代表　森　　滋　彦
発行者　加　藤　一　浩

〒160-8520　東京都新宿区南元町19
発　行　所　**一般社団法人 金融財政事情研究会**
企画・制作・販売　**株式会社 き　ん　ざ　い**
出 版 部　TEL 03(3355)2251　FAX 03(3357)7416
販売受付　TEL 03(3358)2891　FAX 03(3358)0037
URL https://www.kinzai.jp/

校正：株式会社友人社／印刷：株式会社太平印刷社

ISBN978-4-322-13575-6